# 追随童真

## 刘三姐文化童趣体验课程探索

### ◈ 教育故事篇 ◈

|主编| 杨 彦　吴洁秋　林宝艳

GUANGXI NORMAL UNIVERSITY PRESS

广西师范大学出版社

·桂林·

**图书在版编目（CIP）数据**

追随童真：刘三姐文化童趣体验课程探索. 教育故事篇 / 杨彦，吴洁秋，林宝艳主编. --桂林：广西师范大学出版社，2024. 12.

ISBN 978-7-5598-7784-0

Ⅰ. G613

中国国家版本馆 CIP 数据核字第 2024C3M676 号

广西师范大学出版社出版发行

（广西桂林市五里店路 9 号　邮政编码：541004　）

网址：http://www.bbtpress.com

出版人：黄轩庄

全国新华书店经销

北京汇瑞嘉合文化发展有限公司印刷

（北京市北京经济技术开发区荣华南路 10 号院 5 号楼 1501　邮政编码：100176）

开本：787 mm × 1 092 mm　1/16

印张：20.25　　字数：271 千

2024 年 12 月第 1 版　　2024 年 12 月第 1 次印刷

定价：78.00 元

如发现印装质量问题，影响阅读，请与出版社发行部门联系调换。

# 编委会 （排名不分先后）

# "山歌好比春江水"

"唱山歌咧，这边唱来那边和，山歌好比春江水，不怕滩险湾又多……"这首广为传唱的山歌，曲调悠远，意味深长，不仅唱出了热诚的情感，描绘出鲜活的画面，还表达了真挚、勇敢、向善、尚美的哲思，更传递了"刘三姐文化"的蕴意——热爱生活，歌唱生活，根植于斯，滋长于斯。从古至今，歌以励行，歌以咏志，代代传承，体现了"刘三姐文化"的正能量与美好。这股文化的力量，于我而言尤其深刻。

作为生长于刘三姐故里宜州的"土著"、在外求学从教的"异客"，令我耳濡目染、回味无穷的，不仅有朗朗上口的经典山歌，还有充满意趣的民间故事、风情独具的美食美景、活色生香的大街小巷，以及挥之不去的浓浓乡韵。这份深情的种子在童年已播下，朴素而珍贵，至今仍在生长。

作为一名教育工作者，沉浸于幼教园地，着眼于未来的发展，我常常思索教育何为，教法何为，教师何为。面对成长中的幼儿，哪些给予是自然而然、充盈身心的？哪些影响是扎根当下、传扬的？哪些作用是积微成著、循环上升的？文化的力量春风化雨、历久弥新。

童年的文化印记，或许来自一首歌谣、一口美食，或是一场节庆，这些经历看似平常，却在一些妙趣横生的对话中悄然深埋下文化基因。童年的成长足迹，从牙牙学语中一点点累积。在观察、尝试和发现中逐

渐体知生活与文化的联系，有些表现看似无知却在好奇、好问、寻得真知之中奠定了文化自信。师者的牵引，以慈爱呵护、言传身教点燃智慧，点亮童心；校园的沃土，将真善美的滋养、生师亲的共进得以实现与升华。

特别有感触的是，近几年不仅思索，更重践行，且有幸与一群志同道合的幼教人同向迈进。我与宜州区幼儿园结缘共研，有"母园"情结，有"本分"使然，亦是积极"应答"教育高质量发展的时代召唤。自2018年《中共中央　国务院关于学前教育深化改革规范发展的若干意见》以及2022年《幼儿园保育教育质量评估指南》等文件颁布以来，在教育部的行政部署下和区内外专家的引导下，以"自治区幼儿园课程基地"建设项目为契机，宜州区幼儿园持续探索，通过日常精进、课题研究、教研反思等，不断发现问题、分析原因、寻找对策，深化落实"亲近自然、直接感知、实际操作、亲身体验"以及"珍视游戏和生活的独特价值"等指导精神，学深悟透《幼儿园教育指导纲要（试行）》《3-6岁儿童学习与发展指南》等指导要义，着力加强幼儿园教师队伍建设，扎实推进幼儿园保育教育提质增益。在长期的工作交流以及担任"自治区幼儿园课程基地"建设项目指导委员兼秘书长的过程中，我有很多次与宜州区幼儿园同人们进行专题研讨，反复研磨，努力研琢新时代下"刘三姐文化"的活力与魅力，积极弘扬中华优秀传统文化，并使之有机融入幼儿一日生活，落实于幼儿园教育过程，以不断滋长正能量，为童年生命赋能，增添"源动力"。我们通过一个个教育故事、一篇篇教研案例，总结有益经验，提炼实践感悟，以期引导一批教师成长，带动一方幼教发展。

基于理实结合、以例启迪，团队梳理了近几年保教改革、教研科研等过程性资料和阶段成果，整合优化资源，集成系列丛书——《追随童真：刘三姐文化童趣体验课程探索·教育故事篇》《追随童真：刘三姐文化童趣体验课程探索·教研故事篇》（即将出版）。丛书分别从不同的维度来呈现团队"学思行创"的探索与收获。丛书总体突出两大特点：一是"平实"铺陈教育体悟；二是"育人"基线始终相连。幼儿园的保育教育始终融入生活、寓教于乐、质朴而为，并非刻意求异、拔苗助长、割裂童年，因此重视"平实"的视角、语言、文风等，以期将老师与幼儿、家长、社区等多方联动开展活动的所思所行作分享，力求避免华而不实，共促回归幼教本真；幼儿园的保育教育始终启导生活、寓情于景、以人为本，并非机械重复、无用堆砌、割裂生活，因此强调"育人"的坚守、追求、成效等，都努力体现于字里行间，力求避免言之无物、无人无情，不负教育初心使命。总之丛书凸显"教育＋化育＋共育"相辅相成，以期共享老师智慧，共勉专业自觉，共扬文化自信。

时值教育高质量发展的新机遇，幼教人的热爱与努力将一直持续。道阻且长，行则将至。正如歌词"不怕滩险湾又多"，恰如其分地表达了我们共同的心愿：做好脚踏实地、勤勉躬耕，做好曲径通幽、拓新创获，做好为党育人、为国育才。"山歌好比春江水"将化作源源动能，将幼教人孜孜以求的风采和心声唱出，将"刘三姐文化童趣体验"有益经验和鲜活场景纷呈，为新时代幼教发展的"千里江山"绘就美好图卷，为中华民族优秀文化传扬高歌。

谨此致谢每一位参与丛书编著的园长、老师以及给予帮助的领导专家和出版社编辑！大家的热忱支持使研究成果得以如愿生成。这是一个不易的过程，宜州区幼儿园团队坚持努力终成所愿，由衷感谢！特别感恩宜州这片水土滋养赋能，培育出一代又一代人才，我在其中终身受益、报本反始，将与幼教同人们踔厉奋进、再创新绩。借此丛书出版，向一直以来关心鼓励的各位同人一并致谢！希望丛书能为广大幼教工作者提供参考和借鉴，书中难免存在不足，亦敬请指正。期待以此激发更多探索，集结更多宝贵资源，为幼儿园保育教育高质量发展讲好"宜州故事"，形成"广西经验"，献"中国智慧"。

杨彦

2023 年 12 月

# 我爱刘三姐门前那条河

　　每一个地方、每一座城市，都有一条母亲河，世世代代滋养着大地，抚育着人民，也孕育着当地民族独有的文化，源远流长。

　　宜州，广西中部偏北的一个小城。龙江河自贵州漳江如游龙般顺流而来，往柳江蜿蜒而去，千里江水如练，两岸翠峰如簇，孕育着千年宜州。从古至今，龙江河两岸涌现了无数风流人物，有"头戴平天冠，脚踏万年河"连中三元的千古奇才冯京，有流寓宜州老尽偶发少年雄心的黄庭坚，还有曾在此发出"剑气冲星斗，文光射日红"豪情壮语的太平天国翼王石达开，更有那在下枧河畔用山歌唱出了壮家"诗经"的刘三姐：

　　　　哎——
　　　　什么水面打跟斗嘞？嘿嘹嘹啰。
　　　　什么水面起高楼嘞？嘿嘹嘹啰。
　　　　什么水面撑洋伞嘞，什么水面共白头嘞？
　　　　嘿，什么水面撑洋伞嘞，什么水面共白头嘞？
　　　　哎——
　　　　鸭子水面打跟斗嘞，嘿嘹嘹啰。
　　　　大船水面起高楼嘞，嘿嘹嘹啰。

荷叶水面撑兰伞嘞，鸳鸯水面共白头嘞，

嘿，荷叶水面撑洋伞嘞，鸳鸯水面共白头嘞。

正应了这句山歌"如今广西成歌海，都是三姐亲口传"。世代传唱下来的刘三姐山歌，以及多元共生的壮家民族文化，就是生活在龙江河畔的宜州人的文化专属。

龙江河

**思　考**

如何让刘三姐的山歌在壮家娃娃口中经久传唱？通过什么样的载体去激发幼儿对刘三姐壮乡文化的认同与学习？如何在幼儿园做好对刘三姐壮乡文化的传承与发扬？

作为幼教工作者的我们认为，幼儿园课程无疑可以承担这样重要的使命。那么，编制幼儿园课程如何能做到这一点呢？是遵循既有教学参考书指引的方向路径，还是需要自觉地、因地制宜地对教学参考书进行适当改编，创造性、延续性地去实施课程？换句话说，什么样的幼儿园课程更适合宜

师幼共跳宜州彩调

州本地壮家娃娃？什么样的幼儿园课程能让刘三姐文化更好地薪火相传，拥有更长久的生命力？这显然是必须深思和亟待解决的问题。

　　该从哪里入手？宜州厚重的历史底蕴和丰富的民俗传统不正是最先应该关注的吗？

## 摸　索

　　2017年，带着思考，幼儿园项目团队开始对课程的园本化进行审议，并大胆探索自主生成课程。虽然当时还没有系统的课程观，对生成课程也没有强制性的目标要求，但是在探索中找到了较为清晰的方向，就是对既有的教学参考书进行适当地改编，筛选本地刘三姐文化中适宜的内容融入现有的课程中。而整个探索过程从2017年开始一直延续到2020年，其间有过许多创新的做法，如一年一次的"民间艺人进校园，传统技艺代代传"活动，把宜州本地的壮家民间艺人邀请进校园，与幼儿进行面对面的交流与展示；如农历八月十五邀请石别镇、怀远镇制作"供月亮"（宜州本地方言，意思为"祭月"）马仔饼、白化饼、黄饼等的手工艺人同台亮绝活，

刘三姐文化博物馆

让幼儿从小感受宜州本地独有的"供月亮"风俗，培养幼儿对家乡风俗文化的喜爱之情。

再如一年一次的户外种植与收割活动，这是我们幼儿园的传统项目，也是对宜州本地农耕文化的尝探，模式为：承租田地—亲子种植—亲子收割。幼儿亲近大自然，走进农家日常，挽起裤脚在水田里插秧，手握镰刀收割稻谷，拔花生、采棉花、收豆子……汗水滴落，还会仰起头跟妈妈说："妈妈，这就是'汗滴禾下土……'"，大自然给予幼儿的体验和收获，远比电子产品和书本来得更丰富。

还有一年一次的"进社区，看宜州"传统项目，走进刘三姐文化传承中心、宜州十字街田家巷月饼厂、壮歌茧丝绸有限公司、刘三姐文化博物馆……这些地方都留下幼儿探索家乡的足迹。

虽然有了一些尝试，但活动的内容相对零散且不成体系，实施方式相对单一，对刘三姐文化的挖掘和本地资源的利用也还不够全面，这样的探索还不能支撑起刘三姐文化在幼儿园的传承与发展。

# 实　践

　　时代的召唤总是适时而至。2020年，广西壮族自治区教育厅为深化学前教育改革，决定在全区范围内建立50个课程基地，这50个课程基地肩负着带动全区学前教育课程改革和教育质量整体提升的重任。凭借多年对课程园本化的实践研究，河池市宜州区幼儿园成功入选"广西壮族自治区幼儿园课程基地"建设项目。幼儿园项目团队在自治区教育厅和指导委员会的引领下，开始对刘三姐文化童趣体验课程进行系统化的探究和实践。

　　又回到最初的问题，什么样的课程更适合宜州本地壮家娃娃？什么样的课程能让民族文化更具有生命力，让民族文化的传承和发展更具可持续性？经过多年的不断研究和实践得出的结论是：课程要基于幼儿发展需要；课程要基于学校原有研究基础与本地资源；课程要面向全体幼儿。

　　立足"让每一个孩子体验成长的快乐"的办园理念，幼儿园项目团队把课程目标定位为：通过三年的园本化课程研究与实践，挖掘和筛选刘三姐壮乡文化适宜的内容，以童趣体验的学习方式融入一日生活中，进一步建构和完善幼儿园课程体系，在体验中培养"好学、好问、好动手、爱宜州、爱家乡、爱祖国"的新时代幼儿。

　　在明确课程理念、课程目标、课程内容、课程组织实施、课程评价等要素之后，课程体系的架构也逐步清晰。老师对课程的规划、对资源的开发和利用、对"教"与"学"观念的转变，从初期的困惑迷茫到如今的自信坚定，体现了每一位老师课程领导力的提升。

　　当项目团队满腔豪情孜孜探索时，又适逢广西教育科学规划2021年度"幼儿园课程改革与保教质量提升"专项课题的申报。秉着"做什么就研究什么"的教研思想，项目团队申报了专项课题"多元联动模式下刘三姐文化童趣体验课程的开发与实践"。研究愿景是通过研究，开发刘三姐文化童趣体验课程，充实幼儿园刘三姐文化传承与发展方面的课程开发内容，为民族地区实施民族文化教育提供一定的参考与借鉴。

主题活动《一起"哪嗬咿嗬嗨"》汇报

## 章节介绍

本书共设四个章节，精选的课程故事分别从四个方面展现刘三姐文化的丰富内涵及园所对民族传统文化的传承与发展。

第一章童言——"宜州老街幼儿园"，记录的课程故事涉及宜州老街上的幼儿园、老街美食等，展现了刘三姐家乡的独特历史和人文风貌；第二章童美——"哪嗨咿嗬嗨"，记录的是师生将宜州本地的彩调、山歌、抬阁顶马、中秋节"供月亮"等民间艺术和民俗文化融入幼儿园课程的探索和实践，充分展示了非物质文化遗产的独特魅力及宜州人民对文化的尊重、保护和传承；第三章童乐——"水面打筋斗"，是从幼儿视角，记录幼儿对民间游戏的各种创新玩法，从课程故事中感受民间游戏的历史价值，及创新玩法下游戏新的生命力的呈现；第四章节童慧——"三姐家乡美"，围绕宜州本地的乡村振兴主导特色产业——桑蚕丝、砂糖橘、中草药等展

开，老师带领幼儿开展形式多样、生动有趣的体验活动，展现的是在时代发展和社会变迁的背景下，三姐家乡文化的与时俱进。

本书中所呈现的课程故事，既是对刘三姐壮乡文化的挖掘和利用，也是对其传承与发展的一种探索；既全方面地展示了幼儿园课程体系构建中的课程内容、课程实施、课程评价等各要素，同时也是对老师与幼儿共同探究过程的记录。

龙江河水奔腾不息，龙江河畔童心飞扬。期许每一个宜州区幼儿园的幼儿，能在耳濡目染中感受并热爱家乡文化；每一个从宜州区幼儿园走出去的幼儿，长大后能念念不忘家乡的独特文化。

由于编者水平有限，拙著难免存在疏漏与不足，敬请翻阅此书的各位专家、同行和广大读者不吝赐教，予以批评指正。

主编团队

2023 年 11 月

# 目 录

# 第一章

# 童言"宜州老街幼儿园"

本章从幼儿的视角展现刘三姐家乡的独特风貌。在这里，每逢"街日子"，历史文化浓郁的九街十八巷、熙熙攘攘的人群、琳琅满目的商品，构成了一幅热闹非凡的市集画卷。五色糯米饭、艾粑等地道美食，让人垂涎三尺，流连忘返。通过直接感知、实际操作和亲身体验，幼儿与环境产生了深度互动，从而更加了解并热爱这片土地。

# 我上老街幼儿园

文／龙芸莉　周晓苑

## 一、课程故事起源

对于刚入小班的幼儿来说，幼儿园就是他们向往的地方。在这里，有许多家里没有的新鲜事物等待他们去探索和发现。"入园分离焦虑"是每个新入园幼儿都要经历的第一道门槛。为了帮助幼儿尽快适应幼儿园生活，与老师和同伴建立熟悉感和信任感，结合园所悠久的历史和特殊的地理位置，老师组织并开展了"你好，宜州老街幼儿园"这一主题活动。

以认识幼儿园的人和物为主线，通过看一看、摸一摸、问一问、试一试、玩一玩等多元化的方式，引导幼儿逐步融入幼儿园的生活，帮助幼儿减轻入园焦

新生入园班级集体照

虑，尽快稳定情绪，适应集体生活，建立起对幼儿园的归属感，从而喜欢上这所具有浓郁文化气息的幼儿园。

# 二、课程故事实施

## （一）老师爱我像妈妈

在开学的第一天，老师为了让幼儿更快地融入新的环境，特意在各班教室门口放置了欢迎牌。这些欢迎牌吸引着幼儿的目光，帮助他们快速记住自己班级所处的位置。同时，老师也在教室门口微笑着迎接每一位新成员的到来，并给予他们一个充满爱意的拥抱，让他们感受到家的温馨。当幼儿在教室进餐时，老师还会耐心地指导他们如何进餐，让他们感受到无微不至的关爱。

班级欢迎牌

老师给幼儿
爱的抱抱

老师指导
幼儿进餐

　　在教室的一角，佳颖的哭声尤其大声，她哭着说："我要回家，我要我的妈妈。"而情绪相对稳定的闵峻马上走过来，轻轻地抱住佳颖，用他的小手帮她擦去眼泪，温柔地说："妹妹不哭，放学了妈妈就会来接你的。"这一举动安抚了伤心的佳颖。

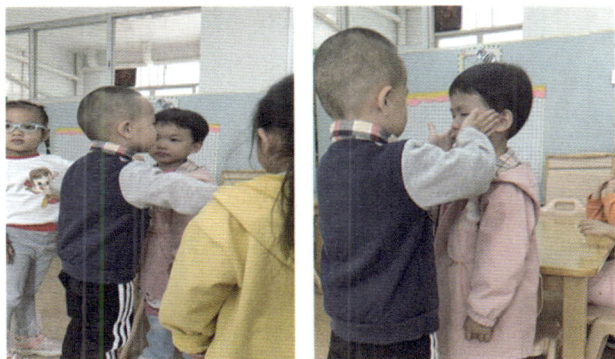

闵峻安慰哭泣的佳颖

　　为了缓解幼儿的不安，老师同样也采取了各种方式：有的将幼儿抱在怀中，悉心喂食；有的则蹲在幼儿身旁，一边安慰一边喂饭；还有的会带领幼儿走出教室，去户外观看哥哥姐姐们做早操。每一位老师都用自己的行动诠释着她们对幼儿的关爱。在老师的耐心引导下，幼儿能较快安静下来，并能听从老师的指令参与游戏与日常学习。

老师安慰哭闹的幼儿

为了进一步帮幼儿缓解分离焦虑，老师结合"妈妈不在身边"这一话题带领幼儿开展了一系列对话与活动。

## 1. 妈妈不在身边怎么办

> 老师："老师看见很多小朋友都掉眼泪了，知道肯定有让你们不开心的事情，老师想听小朋友告诉老师，你为什么哭呢?"
>
> 昱含："我想妈妈了，我要妈妈……"
>
> 歆然："我不想吃饭，我想回家，我要妈妈。"
>
> 禹川："妈妈去上班了，我在这里等妈妈。"
>
> 家玮："妈妈不在，妈妈到时间就会来接我。"

**教师思考：**

当幼儿饱含着对母亲的思念之情时，老师可以与他们共情，以"找妈妈"为主题，开展一系列富有教育意义的活动。这些活动旨在帮助幼儿缓解分离焦虑，让他们更好地了解幼儿园，认识老师和新朋友，并逐渐爱上这个温馨的大家庭。

其中，通过"开火车找妈妈"的游戏方式，激发幼儿对"找妈妈"主题系列活动的积极情绪，让他们在游戏中感受到和家庭一样的温暖，并进一步熟悉和了解幼儿园。

## 2. 这是什么地方

首先，一起去幼儿园寻找妈妈的踪迹吧！

老师带幼儿到泥趣区、沙池和菜地"找妈妈"

凌玥:"这里是什么地方?妈妈在这里吗?"

老师:"这里是泥趣区。看!这里有哥哥姐姐用陶泥做的杯子等作品。"

梓汐:"他们玩沙子,还有挖掘机!"

老师:"这里是沙池,以后你们可以一起来这里挖沙子。"

闵峻:"这里有菜地,我家也有。"

老师:"这里是蔬菜种植园,大家可以自己种植蔬菜,观察小菜苗是怎么长大的。我们再去别的地方看看吧!"

宸成:"看!小汽车,是警察叔叔开的。"

老师:"这里是野战区,不仅有小汽车,还有很多'枪'。"

梓琳:"妈妈在哪里呀?我要坐滑滑梯。"

老师:"这里是大型玩具区,和妈妈带大家玩的游乐场一样,这里有很多玩具,像滑滑梯……我们一起去看看吧!"

**教师思考:**

幼儿以"排队开小火车"的形式走出教室,带着"寻找妈妈"的目标环游整个幼儿园。他们对幼儿园的每个角落都充满了无尽的好奇,仿佛每一片叶子、每一块石头都在向他们诉说着未知的故事。在这个过程中,幼儿的哭闹情绪逐渐被淡化,取而代之的是对新事物的探索和对知识的渴望。他们在走走看看中,不仅认识了幼儿园的每一个户外游戏场地和各功能室,更学会了遵守纪律和游戏规则,这是他们成长的重要一步。

## (二)幼儿园——我最喜欢的地方

通过实地观察,幼儿对园区的每一个角落都有了初步认识,紧接着,老师通过集体教学活动、户外自主游戏活动、区域活动、餐后散步活动等,引导幼儿自主选择游戏区域及材料。同时,老师还鼓励幼儿尝试用绘画的形式表现出来。

　　给予幼儿自由的空间，让他们愉快地参与到幼儿园的一日活动中，有助于幼儿放松精神，产生归属感，从而喜欢上幼儿园。老师还通过谈话活动，鼓励幼儿说出自己最喜欢幼儿园的哪个地方，并进行投票，从而加强幼儿的归属感，更好地帮助幼儿减轻分离焦虑情绪。

老师在集体教学活动中利用主题墙
和视频为幼儿介绍幼儿园

幼儿在各功能室和户外场地做游戏

幼儿的游戏计划册和游戏计划投票栏

**教师思考:**

鼓励幼儿大胆地表达自己的想法,能增强他们的自信心,也能让他们的口语表达能力和社会交往能力都得以提升。

除此之外,此次活动还让他们了解到,幼儿园里不仅有和蔼可亲的老师和活泼可爱的同伴,还有许多好玩的地方、各式各样的体育器械和各种有趣的物品等。自主愉快的游戏体验也让幼儿的情绪稳定了很多,幼儿开始把幼儿园当作自己的第二个家,幼儿园成为他们喜欢的地方之一。

# (三)宜州老街幼儿园

在幼儿园的各种体验中,幼儿对这个地方逐渐产生了较为深厚的感情。老师也顺应他们的兴趣,引导他们探索幼儿园的历史,了解这个充满故事的地方,感受这里的文化氛围,让幼儿领略宜州老街幼儿园的独特魅力。

## 1. 集体教学活动

老师:"我们的幼儿园在什么地方?早上你们来幼儿园的时候都看到了什么?"

佑佑:"爸爸说幼儿园在十字街里。"

梓琳:"在四牌楼旁边,从我家到这里非常近。"

启珩:"我来幼儿园的时候看见有人在卖菜。"

家宵:"幼儿园对面是警察叔叔上班的地方。"

凌玥:"我家住在幼儿园旁边,楼下姨妈在卖草药。"

宸予:"我家住在田家巷。"

宏展:"我听见有人喊:'面包、蛋糕、发财糕,想吃你就来'。"

老师在集体教学时间，结合主题墙内容通过播放图片和视频的方式，向幼儿介绍幼儿园的历史：宜州区幼儿园创建于1934年，时称"庆远赵公祠幼稚园"，后称"宜山县幼儿园"，是宜山县第一所全日制公办幼儿园。1993年撤县改市后更名为宜州市幼儿园，2016年12月国务院批复撤市设区，2017年8月更名为宜州区幼儿园，至今已有90年办园历史，是宜州区唯一一所位于老街里的公立幼儿园。园所位于宜州老城区的中心地段，毗邻老中医院和中草药一条街，大门对面是城东派出所，周围还有很多特别的建筑，如四牌楼、司马巷、炉子巷、田家巷以及许多造型别致的牌坊。

了解幼儿园及周边老街的历史

## 2. 利用家长及社区资源

老师还利用家长资源，请家长利用每天上下学路上的时间给幼儿介绍从家到幼儿园、从幼儿园到家的线路，以及所经过的街道和文物古迹；利用节假日，与幼儿一起走进社区，近距离感受老街的历史文化。

**教师思考：**

幼儿园坐落于宜山老街，地理位置得天独厚。宜山老街纵横九街十八巷，是目前保存较为完好的旧街区，是宜州本土文化和历史文化的瑰宝，承载着一座城市的历史文化。为了让幼儿更加了解幼儿园所在地的地理环境和文化底蕴，老师充分运用家长和社区资源，使幼儿对幼儿园和老街的认知得到了进一步的加深。

# （四）幼儿园里的人

经过两周的相处，幼儿的情绪基本稳定了，已经慢慢适应了幼儿园的生活，但如何进一步了解幼儿园里的人、如何与幼儿园里的人相处，这些对幼儿来说依然是挑战。

## 1. 幼儿园里的老师

幼儿眼中的带班老师是怎样的呢？让他们一起来说一说吧！

> 永璇："龙老师像妈妈一样有长长的头发。"
> 家甯："老师会给我们讲故事。"
> 梓琳："老师很漂亮。"
> 慧珊："周老师每天都给我们喝牛奶。"
> 炘羽："我不舒服的时候，老师会像妈妈一样抱着我。"
> 昱含："三个老师像绵羊夫人一样，天天陪着我。"

每个幼儿心中对老师都有独特的感受，除了让幼儿聊聊老师，老师还鼓励幼儿以绘画的形式将心中的老师画出来。

幼儿将心中的老师画出来

"生活即教育"，对于大多数幼儿来说，对老师的了解不是教授的，而是在幼儿园一日生活中感受到的，幼儿在与幼儿园里的各位老师、工作人员一天天的相处中建立了亲密的情感联系。

班里的老师带着幼儿学习、游戏，每天早上都会进行晨间点名，幼儿知道当老师叫到自己名字时要举手大声回答"到"，也知道要学会安静倾听老师和同伴讲话；进入幼儿园大门，幼儿会看到坚守岗位的门卫伯伯，知道伯伯会像警察叔叔一样保护大家的安全；幼儿认识了医生姨妈，知道医生姨妈每天都会检查幼儿的身体；每天一到饭点，幼儿就能看到食堂姨妈们，她们每天都变换花样，烹饪各种美味的饭菜；和蔼可亲的园长每天都会来班里了解幼儿的情况，了解大家在玩什么游戏，摸一摸他们后背有没有出汗，她总是笑眯眯的；还有每天早晨打扫幼儿园的保洁姨妈，总是把幼儿园打扫得干干净净……原来幼儿园里还有那么多关心幼儿的人！

园长跟幼儿一起玩游戏

医生给幼儿做体能测试

**教师思考：**

　　刚入园的幼儿对幼儿园里的成人都比较陌生。结合一日生活中的细节，寻找幼儿感兴趣的话题，鼓励幼儿与身边的老师加强互动和交流，慢慢与老师建立起亲密的情感纽带。

## 2. 我的新朋友

在幼儿园的温馨环境中，幼儿结交了越来越多的朋友。他们向同伴们勇敢自信地介绍自己，展现出天真烂漫和热情洋溢的个性；通过学习《问好歌》，见到老师和同伴主动问好，离别时道别；在音乐游戏《碰一碰》中，与好朋友握手拥抱，一起学习，一起玩游戏，体验好朋友在一起时的快乐，从而更加热爱幼儿园这个大家庭。

幼儿结交新朋友，在游戏中学会分享

### 教师思考：

小班年龄阶段的幼儿，能在老师的引导下，开始认同、接纳同伴与老师。通过一系列富有创意的活动，幼儿大胆地展示自我的同时，认识本组的好朋友以及班里的其他幼儿。幼儿从身边开始，逐渐认识周围的世界这一过程不仅培养了幼儿的社会交往能力，也提升了他们的自主能力和语言表达能力。

## （五）我学会了

### 1. 学会穿脱、折叠衣物

幼儿每天的运动量很大，频频出汗，虽然换衣服和垫背巾对成人来说

是家常便饭，但对于刚入园的幼儿来说，尚不能独立完成，该如何引导幼儿学习穿脱和折叠衣物呢？

歆然："老师我不会，快来帮帮我呀！"

启珩："老师，你看，我会自己穿衣服。"

老师："你是怎么穿好衣服的呢？"

启珩："我先把这里套在头上，再把手伸进去就好了。"

凌玥："我的衣服有帽子，阿婆教我把帽子戴起来，手臂再穿进去。"

老师："那脱下来的衣服怎么处理呢？"

永璇："要把衣服摆整齐。"

歆然："妈妈说要叠起来放好。"

启珩："我会叠衣服，像这样！"

老师："那请启珩和凌玥一起来分享自己的方法吧！"

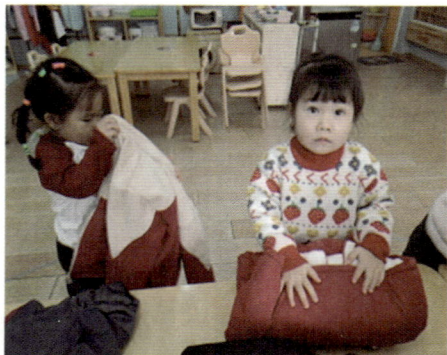

幼儿自己折叠衣服并进行比赛

老师利用儿歌"我会叠衣服，两扇大门关一关，两只小手抱一抱，点点头，弯弯腰，两只手抱回家"，幼儿以游戏的方式学会了如何叠衣服。同时，老师在教室的墙面上张贴了生活提示，用清晰的图像步骤，帮助幼儿学习折叠衣物。

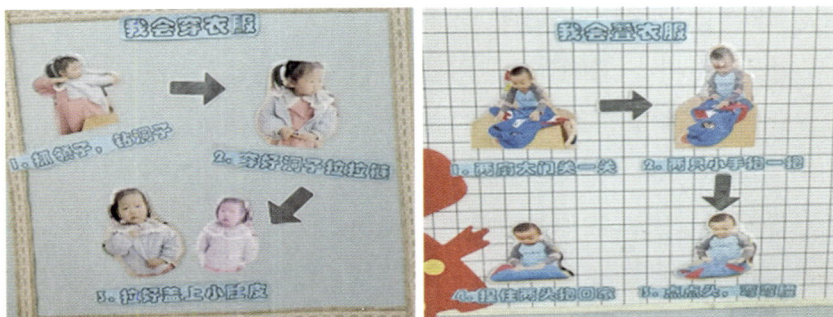

张贴在教室墙面上的生活提示

## 2. 学会自己吃饭饮水、如厕盥洗

每次的进餐中，老师都会走近幼儿，鼓励他们大口吃饭，不掉饭粒；饮水时，老师会告诉幼儿需要有序排队，定点饮水；如厕时，老师鼓励幼儿自主排队，自己穿脱裤子；餐前便后，老师提醒幼儿如何正确洗手……幼儿的生活能力在一次次真实的生活场景中得到锻炼。

对于刚入园的幼儿来说，接水、如厕、领餐时一个跟着一个排队，自己端饭，自己进餐，是幼儿弥足珍贵的成长和进步。

幼儿自己吃饭

幼儿自主排队等候如厕　　　　　幼儿有序排队接水并到指定处喝水

### 3.学会自己寻物、收纳

在生活环节中，老师在幼儿用品处贴上幼儿的名字贴纸及照片，教会幼儿认识自己的物品，经过一段时间的练习，幼儿便可以独立找到自己的物品。

在游戏场景中，老师通过放置区域牌让幼儿分辨教室里的区域，再通过不同的颜色和图案，帮助幼儿在游戏后收纳玩具，快速将玩具"送回家"。

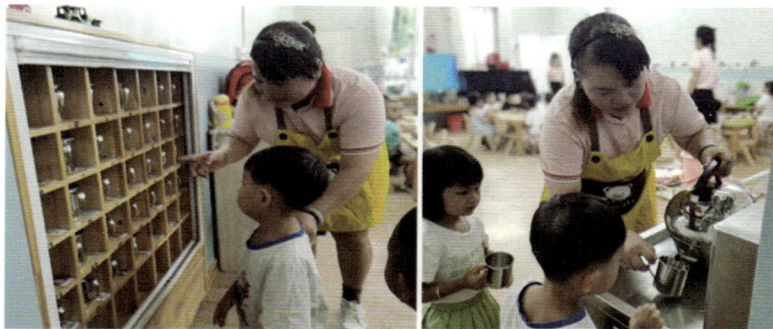

老师教幼儿识别水杯标识

**教师思考：**

    在小班的早期阶段，幼儿吃饭、如厕、盥洗以及衣物整理等方面的生活自理能力尚不足，部分幼儿甚至在脱下衣物后，会直接将其丢在桌上或地上，不会主动收纳。老师通过游戏图示将穿脱衣物的方法融入班级环境中。通过引导幼儿不断地练习，幼儿逐渐掌握这些生活技能，从而提升自我服务能力。

    幼儿时期是规则意识培养的黄金时期，在生活和游戏环节中，运用场景教学法，让幼儿在潜移默化中逐渐形成良好的规则意识。

## （六）我们的游戏

在幼儿园这个充满童趣的世界里，老师巧妙地运用各种富有创意的游戏，营造生动好玩的游戏场景，如舞动彩虹伞、运西瓜、小兔子蹦蹦跳、小乌龟爬呀爬等；利用钻山洞、走平衡木、跳圈、爬高等一系列游戏活动，让幼儿在欢声笑语中学会走、跑、跳、钻、爬等基本技能。

此外，在参加户外自主游戏前，幼儿还学会了制订游戏计划，为他们在涂鸦区、美工室、牛哥厨房、三姐工坊、野战区、泥趣区、沙池等功能区的探索之旅做好了充分的准备。

在这个充满爱和欢笑的幼儿园里，幼儿不仅学会了做力所能及的事情，更在与同伴的互动中，学会了如何与他人友好相处。幼儿念诵着的一首首儿歌，是他们对世界的热爱和向往；画出的一幅幅美丽的画，是他们对美的追求和创造；主动收捡玩具并放回原位，是他们对规则的尊重和遵守。在幼儿园的每一天，他们变得越来越能干，逐渐爱上这个充满爱和欢笑的地方。

幼儿玩彩虹伞游戏

幼儿在"牛哥厨房"做水果捞

幼儿用陶泥做花盆

幼儿给油麦菜浇水

# 三、 课程反思与收获

"你好，宜州老街幼儿园"主题活动见证了幼儿的成长与变化。活动转移了幼儿的注意力，有效地缓解了入园焦虑，吸引幼儿主动与老师和同伴一起游戏。幼儿真正体验到幼儿园带来的快乐，感受到朋友和老师的陪伴。幼儿的生活自理能力显著提高，不再过度依赖成人，适应能力也在不断增强。

《3-6岁儿童学习与发展指南》强调，应遵循幼儿的发展规律和学习特点。珍视幼儿生活和游戏的独特价值，充分尊重和保护其好奇心和学习兴趣，创设丰富的教育环境。《幼儿园教育指导纲要（试行）》中也指出：教育活动内容的组织应充分考虑幼儿的学习特点和认知规律，各领域的内容要有机联系，相互渗透，注重综合性、趣味性、活动性，寓教育于生活、游戏之中。小班幼儿年龄在三至四岁，该年龄段的幼儿身心发育很不成熟，需要成年人的精心呵护与照顾。

围绕本次活动"我爱我的幼儿园"这一核心理念，通过游戏的方式，培养幼儿的集体意识和友好情感。在幼儿园这个温馨的大家庭中，丰富多彩的生活和多元化的游戏活动，是幼儿逐渐适应并喜欢幼儿园生活的重要保障。

本次主题活动的开展，看到了家长与幼儿共同成长的美好画面。家长学会了适时放手，让幼儿有机会做自己力所能及的事情，这是对幼儿的一种信任和鼓励。同时，家长也学会了如何陪伴。这次活动不仅拉近了父母与幼儿之间的距离，也让亲情得到了进一步升华。

**❈❈ 作者简介 ❈❈**

　　龙芸莉，中小学一级教师，主持课题"在写生活动中培养小班幼儿口语表达能力的实施与研究"，曾参与多项幼儿园科研课题，曾获河池市"优秀班主任""优秀党务工作者"等荣誉称号。

　　周晓苑，口小学高级教师，广西园丁工程骨干教师，河池市"基础教育名师"、"优秀教师"、学科中心组成员，河池市宜州区学科带头人、"先进教育工作者"，曾主持和参加六项市级以上课题研究。

# 宜州"街日子"

文／韦丽莎　林宝艳　林丹

## 一、课程故事起源

宜州"街日子",俗称"三天一街",是宜州本地特有的赶集日。在创建班级区域时,幼儿把亲子相册投放在教室的阅读区。其中,俊俊在中班参加幼儿园"街日子"买卖活动时的照片,引发了幼儿的热烈讨论。大家回忆自己在活动中发生的事,萌发了想要自己举办"街日子"的想法。

幼儿观看相册集并讨论

宜山老街

洲洲："老师，上次的'街日子'我买了很多好吃的。"

巧儿："我吃到了好吃的马蹄糕、芋头糕和三姐牛肉条，还买了漂亮的发圈。"

翼承："我买了我喜欢的奥特曼玩具！"

泽泽："我品尝了马打滚、五色糯米饭，还有宜州果酱烧烤，太好吃了！"

芝芝："我想参加'街日子'，我想当老板。"

晨晨："老师，'街日子'真好玩，我还想再参加一次！"

老师："那你们知道宜州的'街日子'是什么样的吗？'街日子'还会卖什么东西？"

## 教师思考：

《3-6岁儿童学习与发展指南》中提出：要充分尊重和保护幼儿的好奇心和学习兴趣，帮助幼儿逐步养成积极主动、认真专注、不怕困难、敢于探究和尝试、乐于想象和创造等良好学习品质。《幼儿园教育指导纲要（试行）》中也指出，教育要"充分利用社会资源，引导幼儿实际感受祖国文化的丰富与优秀，感受家乡的变化和发展，激发幼儿爱家乡、爱祖国的情感"。

宜山老街是一条承载着"九街十八巷"悠久历史的长街。园所就坐落在这宜山老街之中，周边熙熙攘攘的街道、繁忙的大市场以及不远处的乡镇街道，都给予了幼儿丰富的生活体验。老师追随着幼儿对"街日子"的兴趣，引导幼儿了解宜州本地特有的民风民俗文化，体味本地丰富多样的民间美食、民间技艺，从而激发他们对家乡的热爱之情。

# 二、课程故事实施

## （一）初识"街日子"

### 1. 什么是"街日子"

在最初的认知中，幼儿认为"街日子"就是卖吃的、卖玩具的集会。为了让幼儿对"街日子"有更深入的了解，老师精心策划并组织了社会活动——有趣的"街日子"。这个活动不仅丰富了幼儿的知识储备，也让他们对"街日子"有了更深入的理解。在宜州乡镇存有一种独特的"三天一街"的风俗习惯：在这个特殊的日子里，街市上不仅进行各种物品的买卖，还会举行各种娱乐活动。

老师组织社会活动——有趣的"街日子"

### 2. 探寻"街日子"

活动后，幼儿纷纷表达了想要走进市场去感受"街日子"的愿望。

莎莎："我的老家在怀远古镇，我想和妈妈回去逛逛！"

嘉嘉："城区的'街日子'和乡镇的'街日子'卖的东西一样吗？"

玲玲："我想去石别街吃石别烧烤，可好吃了！"

苗苗："洛东的油炸馍才好吃呢，我吃过！"

为了让幼儿能有近距离的亲身体验，培养其实践能力，老师鼓励他们在周末的时候，邀请家人一起去市场逛逛，走进乡镇街道，搜集关于"街日子"的信息；鼓励幼儿和家长用图文的方式，共同记录下这次"街日子"的旅程，回到幼儿园后，与其他幼儿分享这次独特的经历。

"街日子"亲子体验展示墙

"街日子"亲子体验记录

琪琪到洛东街赶集，吃到油炸馍　　　轩轩到洛西街赶集，看到有人打棉胎

在实践体验活动中，幼儿对"街日子"有了更多的了解，回到幼儿园后，大家相互分享"街日子"中的见闻。

> 琪琪："我逛的是洛东街，有很多油炸馍，可好吃了。"
>
> 紫芝："逛怀远街的时候，看到人特别多，我问妈妈为什么，妈妈说因为是赶集日。"
>
> 轩轩："我和爸爸妈妈逛了洛西街，有人在打棉胎，在宜州的街上我也看到过，真的太有趣了。"
>
> 乐乐："我去逛大市场，有血肠、粽子，还有很多小马仔！"
>
> 老师追问："'街日子'期间，你除了看到有好吃的，还有什么呢？"
>
> 欢欢："在逛龙头街的时候，我看到有爷爷奶奶在唱彩调，他们还边唱边演！"

在分享的过程中，有的幼儿表达连贯通顺，有的幼儿只能用几个词语表达，但是每位幼儿都能够积极、勇敢地在集体面前表达自己的所见、所闻、所感。

**教师思考：**

乡镇的"街日子"仿佛是一部生动的历史长卷，记录着乡村生活的变化。石别街的果酱烧烤、洛东街的油炸馍、屏南街的白馍、怀远街的油串子……这些独具特色的民间美食，如同一颗颗璀璨的明珠，镶嵌在乡镇的每一个角落，熠熠生辉。

作为幼儿活动的引导者，老师通过社会活动，将幼儿的生活经验与社会实际紧密结合。为了让幼儿有更多亲身体验的机会，老师又变身为支持者，鼓励家长为幼儿提供逛集市的机会，满足幼儿的需求，在调查和对比中去发现乡镇的集市与身边市场的相似和不同之处，丰富了幼儿对自己家乡集市的认知。

在过程中，老师及时捕捉幼儿感兴趣的话题和内容，适当鼓励和助推幼儿的活动，引导幼儿更进一步探索和发现。通过亲子体验活动，幼儿以亲历者的身份，在观察记录中直观感受宜山"街日子"。相信这比老师口头讲述和观看图片来浮更直接，更贴合幼儿的兴趣和需要。

## （二）筹备"街日子"

亲子体验后的一段时间，幼儿在班级生活区进行了各种美食的制作和跨年级买卖的活动。在一次回顾活动中，乐乐和靖涵向同伴们分享了他们的活动。

> 乐乐："买卖游戏真好玩，今天我们在跨区活动时，其他班小朋友买了好多食物！"
>
> 靖涵："老师，我们可以在幼儿园里摆摊当老板吗？就像'街日子'一样！"

他们的"'街日子'摆摊"提议得到班级其他幼儿的积极响应，大家跃跃欲试。围绕幼儿的提议，大班组老师开展了园本教研活动，老师一致认为这是一个值得全园参与的教育契机，经各方商量决定，为满足幼儿的兴趣和需要，计划开展一次全园性的"街日子"活动。

### 1.问题一:"街日子"卖什么

提出举办"'街日子'摆摊"的想法后，幼儿对即将卖什么展开了讨论。

> 萌萌："我想卖小司门的马打滚、水果酸。"
> 诗漫："我想卖宜州特色小吃——邹家炸串、麻辣烫。"
> 婉儿："我想卖马蹄粽和彩色饺子，还想卖各种水果。"
> 梓怡："因为我经常在街上吃云吞，所以我想卖云吞。"

小白："我奶奶做的铜瓢馍特别好吃，我要卖这个。"

月月："我爸爸开烧烤店，我想卖招牌烤牛肉。"

琪琪："我最想卖宜州油串子，我爸爸妈妈最喜欢吃了。"

汤圆："我在街上发现有小马仔，我们做小马仔吧。"

小甘："我在刘三姐街吃了狗舌馍，可好吃了，我们卖狗舌馍吧！"

老师："大家想卖的东西真多呀，有好多都是宜州的特色小吃，老师也想买来尝尝了。可是全园摆摊，我们的摊位有限，怎么办呢？"

子其："老师，我们来投票吧。"

　　幼儿把他们想要卖的东西用自己的方式表现出来，用投票的方式来决定卖什么。通过投票，大家决定"街日子"当天，主打城东街美食：水果凉粉、马打滚、马蹄粽、云吞和鸡腿。确定即将要卖的东西，幼儿向家长表达了意图，老师也同步和家长进行沟通，家长非常支持，积极给班级提供制作食材。于是，幼儿利用功能室活动和班级区域活动开始各种制作美食的尝试，为"街日子"做前期准备。

幼儿把想要卖的商品记录下来

投票活动

**教师思考：**

在一系列实践体验和交流分享中，老师引导幼儿对自己的发现进行深度分享、梳理和总结，同时还敏锐地抓住每一个教育契机，充分利用团队的力量进行园本教研，深入分析活动的教育价值和幼儿在活动中可能获得的学习和发展机会，而后将这些活动推动成为全园性的活动，让不同年龄段的幼儿都能参与其中。

### 2. 问题二：谁来卖？谁当小老板

确定要卖的东西并尝试制作后，新的问题出现了：谁当老板？又如何当老板呢？

于是，老师通过"我是小老板"社会活动，让幼儿对老板的职责有了一定的了解：老板不仅要会招呼客人，还要推销自己的商品，安排员工工作。随后，在区域游戏中，幼儿开展了"三姐餐厅"角色扮演游戏，模拟买卖东西的场景。

幼儿自发开展"三姐餐厅"的角色游戏

那谁来当老板呢？乐乐提出用竞选的方式选出"老板"，得到了很多幼儿的支持。

---

老师："为什么你想要当老板？"

洋洋："我想当小老板，因为我会算数，会找钱。"

晓彤："我要当小老板，因为我会吆喝客人来买东西，比如'卖东西啦，大家快来买啊！'"

朗朗："我爸爸妈妈开了一家商店，我经常看他们招呼客人。"

天天："我想当小老板，因为我会收钱，还会说'欢迎光临'！"

老师："可是我们班的摊位只有两个，大家都想做老板，该怎么办呢？"

乐乐："我们来竞选，大家选谁，谁就来当老板。"

---

于是一场老板竞聘会开始了。

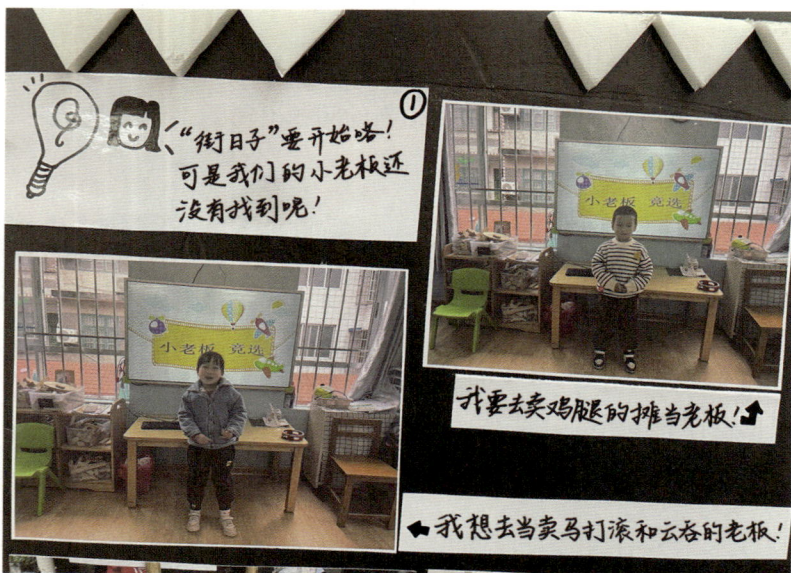

竞选老板

经过自由竞选，洋洋、晓彤、朗朗、天天、乐乐五位"小老板"胜出，其他的幼儿负责当厨师和服务员。幼儿还在户外角色游戏区开展买卖游戏。

户外游戏时间，幼儿在"三姐餐厅"一起玩买卖游戏

**教师思考：**

竞选活动为幼儿提供了一个展示自我的机会，部分幼儿语言丰富，部分幼儿只是简单地叫卖、收钱，还有部分幼儿站在台上不敢说话。竞选活动激发了幼儿对买卖活动的兴趣，在户外活动时通过游戏满足自己的扮演欲望。老师在过程中及时观察和记录，注重个体差异，及时给予幼儿鼓励和支持。

### 3. 问题三：摊位如何设计

晓彤："我在街上看到都有摊位卖东西，我们也要摆摊位。"

毛毛："摊位要怎么弄呢？"

老师："是呀，'街日子'时，你们想怎么布置我们班的摊位呢？"

晓彤："需要桌子摆放东西。"

琪琪："敲好多灯笼挂在摊铺上。"

朗朗："我想在摊铺上用白色的棉花装饰。"

晓慧："我跟爸爸去耕饭饭店吃饭，看到了用稻草布置的摊位门头。"

乐乐："我们还可以挂彩灯，彩灯旁边还挂彩旗……"

嘉嘉："我们的摊位一定要大，才能摆很多的东西。"

小玉："我们可以一起设计我们的摊位！"

老师："大家的想法都不错，可是我们的摊位有限，该怎么办呢？"

幼儿的想法越来越多，乐乐提议："老师，我们可以分组设计，哪个组的好，我们就选哪个组。"大家对乐乐的提议很赞同。于是，幼儿自行组队，合作设计，每组把自己的想法设计在图纸上。

幼儿制作摊位门头

幼儿模拟摆摊位

幼儿在户外"建筑工地"上摆摊位

幼儿在艺术区制作扇子装饰店铺

摊位装饰完成

## 教师思考:

  在社会实践的大果堂上,幼儿观察到街头巷尾琳琅满目的商品、错落有致的摊位以及热闹非凡的集市景象。根据这种生动而真实的体验,作为天生的艺术家和创造家,幼儿以独特的视角和丰富的想象力,对自己想要的摊位进行了思考和设计,将自己的生活经验融入其中,提出了自己的设计方案,并在室内外游戏中不断尝试和改进。在这个过程中,幼儿在失败中发现问题,调整策略,最终完成了设计和制作。

  老师作为活动的支持者,以积极的态度为幼儿提供了各种材料,如棉花、颜料、纸杯、卡纸等,以满足他们的设计和制作需求。在游戏时间,老师引导幼儿开展摊位装饰制作,将决定权交给幼儿,让他们自行商讨,选择合适的方案并主动落实。

## （三）"街日子"来咯

经过精心的策划和准备，幼儿园的"街日子"活动如期而至。全园幼儿身着节日的盛装，背上自己的小钱包，满怀期待地准备开始这场别开生面的活动。在开市之前，老师为幼儿安排了精彩纷呈的节目，包括中华武术、传统舞龙舞狮以及师幼共同演绎的新年舞蹈。在这些活动中，幼儿深深感受到了中华传统文化的深厚底蕴。当园长宣布开市的那一刻，幼儿兴奋地开始了他们的"赶街"之旅。

"街日子"开始啦

幼儿进行开市表演

"街日子"的活动正式开始，幼儿各司其职，分工明确。小厨师们用心烹饪美食，为顾客带来味觉的享受；小老板们用热情吸引顾客，为他们提供优质的服务；小服务员们热情洋溢，将美食递到顾客手中，让他们感受到宾至如归的舒适；小收银员们忙碌而有序，确保买卖活动的顺利进行。幼儿都能按照竞选的角色开展自己的工作，大家相互合作，活动井然有序。

幼儿制作美食

小老板热情招待顾客

**教师思考：**

幼儿是在体验中学习的。在"街日子"活动中，幼儿以活动为舞台，以体验为主线，绘制门头、准备商品、设计制作摊位、吆喝招揽顾客……这一系列的小活动，不仅有幼儿的独立创作，也有他们的团队协作，既锻炼了动手操作能力，提升了语言表达能力，更重要的是，在社会交往中，幼儿学会了如何处理问题，独立应对挑战，他们在这种真实的场景中收获了成长的喜悦。

# （四）"街日子"回想

"街日子"活动结束的第二天，幼儿依旧兴致不减，在自由活动时还能听到他们谈论有关"街日子"的话题。为了解幼儿在活动中的感受，老师开展了"街日子"回想活动，幼儿畅所欲言，大胆表达自己在这次活动中的收获。

洋洋："我计算了收入，我们班昨天赚到了278元！"

朗朗："做老板真不容易，我嗓子都要坏掉了。"

巧儿："赚钱真是辛苦，我站得脚都疼了。"

天天："我也去当顾客了，钱花得很快。我吃了香肠和鸡腿，还买了玩具哨子。"

洲洲："我买了很多玩具，回家跟弟弟分享。"

嘉嘉："我买了雨伞糖，还去抽奖了。"

晓慧："'街日子'太好玩了，我玩了投圈圈、射击，还买了好吃的马打滚，好多宜州美食都尝到了。"

幼儿分享在"街日子"活动中的收获

# 三、课程反思与收获

## （一）资源利用

只有善于挖掘和利用课程资源，才能使课程开展得事半功倍。在宜州"街日子"活动中，老师深入挖掘并巧妙利用本土资源、家长资源和社区资源。从活动的策划阶段到实施阶段，老师始终坚持以幼儿为主体，以实践为导向，以体验为载体，让幼儿在直接感知、亲身体验和实际操作中积累新经验，推动幼儿全面发展。

## （二）幼儿的收获

在宜州"街日子"主题活动中，幼儿以积极主动的态度，通过谈话、观察、记录、实践等多元化方式，深入探索宜州"街日子"的深厚内涵。他们在提出问题和解决问题的过程中，不仅体验到与同伴交往的乐趣，更在实践中自主设计，合作解决问题，从而深化了对宜州"街日子"的认知。

在多次的体验中，幼儿表现出了积极主动、认真专注、敢于探究的良好学习品质，这为他们语言表达能力、动手操作能力和社会交往能力的提升打下了坚实的基础。除此之外，在角色扮演中，幼儿深入了解宜州民风民俗的精髓；在制作宜州美食的过程中，幼儿对宜州民间美食有了更深的理解；在与同伴合作分享的过程中，幼儿对宜州的风土人情有了更深入的认识。

## （三）老师的收获

### 1. "懒"有所获

在这次活动中，老师以"引导者"而非"主导者"的角色出现，充分尊重和信任幼儿的自主性。从材料的准备到制作流程的探索，再到人员的分工，老师都让幼儿在实践中自主探索与学习。当老师的干预减少时，幼儿的潜力反而如同泉水一般喷涌而出。

老师秉承"幼儿在前，老师在后"的教育观和园所"童真体验"的课程理念，让幼儿在遇到问题时有足够的时间进行思考、讨论，而不是急于给出答案。幼儿积极开动脑筋，大胆表达自己的想法时，老师也在这个过程中与他们共同收获和成长，更加深入了解家乡"九街十八巷"中的风土人情。

### 2. "帮"得巧妙

在幼儿直接感受、实际操作、亲身体验的过程中，老师并非旁观者，而是参与者和支持者。当幼儿在学习的道路上遇到困难时，老师适时引导，通过各种学习活动、对话、书籍、图片、视频等方式，帮助幼儿寻找答案。同时，老师鼓励幼儿选择各种创作材料，支持他们与同伴多多进行交流，帮助幼儿养成良好的学习习惯，培养其良好的学习品质。

### 3. "做"有所思

活动的结束并不意味着思考就此停止，反而引发了老师对此次活动的深度反思。在这次活动中，对于一些细节和有价值的环节，老师发现自己的记录并不充分。例如，在摊位装饰的过程中，幼儿原先设计的摊位门头

尺寸并未完全匹配，而后利用卷尺、棉线等工具进行测量和调整，其间幼儿的对话充满了趣味和价值，这一过程展现出他们的智慧。但遗憾的是，这些对话并未被及时记录下来。今后，也将更加注重观察，同时增强收集幼儿活动现场资料的意识，通过回顾和分析幼儿的行为表现，以更好地了解幼儿的发展水平，提出更有针对性的指导策略。

宜州"街日子"主题活动，源于幼儿的好奇心和探索欲。老师以"街日子"为引子，充分挖掘和利用本地资源，融入节日教育活动，这不仅让幼儿感受到家乡的独特文化，还能感受到节日的快乐氛围，与正在开展的"刘三姐童趣文化体验"课程相得益彰。在主题课程的开展过程中，尊重孩子的自主性，遵循"凡是孩子自己能做的，应当让他自己做，凡是孩子能想的，让孩子自己想"的原则，为幼儿提供自主、愉快的活动氛围，支持他们的发现、试错和收获。

---

### ◆◄ 作者简介 ►◆

韦丽莎，中小学二级教师，参与"幼儿园离园活动的组织与研究"等多项科研课题，曾获2020年河池市宜州区教育系统"优秀教师"称号。

林宝艳，中小学一级教师，河池市"优秀教师"、河池市学前教育学科中心组成员。主持或参与五项学前教育科研课题，公开发表论文十余篇。

林丹，中小学一级教师，参与"幼儿离园活动的组织与研究"等多项课题研究。

# 香甜艾粑真好吃

文 / 韦凤英　吴晶晶　岑晗

## 一、课程故事起源

在园所组织的一场"广西三月三"美食分享会活动中，幼儿深入了解并品尝到宜州当地的众多特色美食。而在班级"我最喜欢的宜州美食"的投票与讨论活动中，老师发现大部分幼儿对宜州特色美食——艾粑产生了浓厚的兴趣，于是，探索艾粑的故事由此展开。

老师与幼儿讨论

幼儿的投票结果

# 二、课程故事实施

## （一）艾粑、狗舌粑大讨论

> 佳琪："我觉得艾粑和狗舌粑差不多。"
>
> 欢洋："为什么说它们差不多呢？"
>
> 佳琪："一样都是用糯米粉做的，吃起来有点儿甜。"
>
> 皓宇："不一样，艾粑的形状是圆的，狗舌粑是长方形的。"

在幼儿的争论声中，老师感受到他们对"艾粑"和"狗舌粑"的好奇与热情。老师决定借此机会，引导幼儿进行一次深入的调查研究，来了解这两种美食的特点和差异。老师向家长发出邀请，希望他们能帮助准备一个狗舌粑和一个艾粑，让幼儿第二天带来园所。第二天早餐过后，幼儿已经开始观察这两种特色小吃并低声讨论它们的外形和口感，并尝试用笔去描绘。

幼儿观察结束后，老师顺势组织了一场关于艾粑和狗舌粑的讨论会。

> 欢洋："艾粑和狗舌粑一样，都有叶子。"
>
> 佳琪："艾粑和狗舌粑都是甜的。"
>
> 嘉嘉："艾粑和狗舌粑都有馅儿。"
>
> 魏然："艾粑是圆形的，狗舌粑是长方形的。"
>
> 琪琪："艾粑里面有艾草，狗舌粑没有艾草。"
>
> 嘉嘉："艾粑是绿色的，狗舌粑是黄色的。"

讨论会上，每一位幼儿都无比热情，积极踊跃地表达自己的观点。

**教师思考：**

在这个活动中，通过直观对比、记录观察结果、与他人讨论，幼儿了解了艾粑和狗舌粑的相同与不同之处，也加深了他们对艾粑的认识。

## （二）怎么制作艾粑

在讨论了艾粑与狗舌粑的差异后，幼儿热切地向老师提出想要亲自到"牛哥厨房"制作艾粑的愿望。老师欣然应允了幼儿的请求，并为支持他们全力做着准备工作。

### 1.问题一：艾粑是用什么做的

> 浩杨："我觉得是用面粉做的。"
>
> 紫芝："妈妈说是拿艾草做的！"
>
> 晨颖："做艾粑还要放糖，这样吃起来才会甜。"
>
> 一皓："拿奶油来做吧，我喜欢吃奶油。"
>
> 智凯："我们去问问食堂的姨妈，看看到底是用什么来做的吧！"

幼儿相约一起去采访食堂的罗姨妈，了解制作艾粑的材料。

幼儿采访食堂罗姨妈

幼儿一边采访，一边做着详细的记录。经过半小时的交流，他们了解到，制作艾粑的材料包括新鲜的艾草、白糖或黄糖、糯米粉、芝麻、花生以及芭蕉叶等。

为了能清楚记录，老师指导幼儿通过绘画的形式，将制作艾粑所需的材料一一描绘出来。

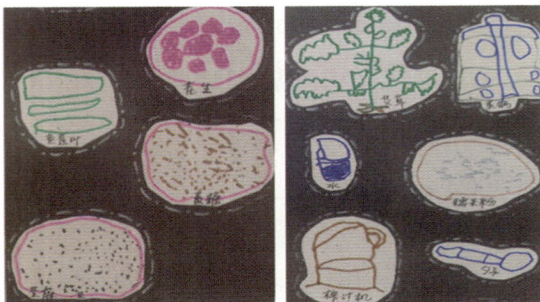

幼儿画的艾粑制作材料

## 2. 问题二：材料从哪里来

幼儿讨论着如何获取制作艾粑的材料，纷纷表示要为班级制作艾粑活动提供材料。老师从旁引导，发动家长帮忙寻找制作材料并进行了任务分工，确保每种材料都有人提供。家长也积极响应，表示会抽出时间带领幼儿一同前往郊外，收集各种材料。

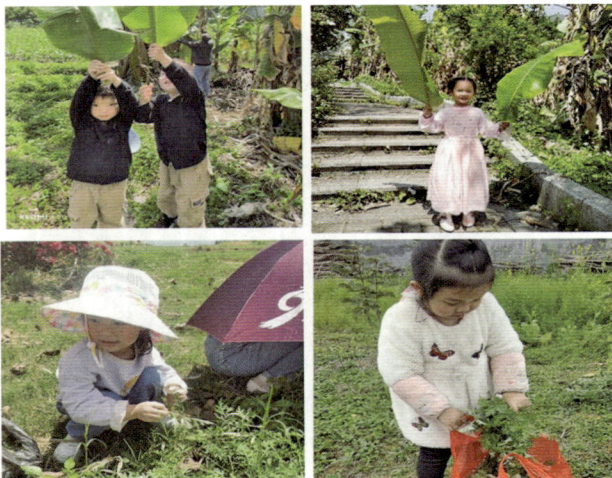

家长带着幼儿一起到郊外收集材料

### 3. 问题三：艾粑怎么做

面对已经准备好的制作材料，幼儿却突然犯了难。大家对如何制作艾粑，没有一点儿头绪。为了帮幼儿解决这个难题，老师分享了一些关于制作艾粑的视频和流程图，让幼儿对制作艾粑的整个流程有初步的认识。同时，老师还组织了一场艾粑制作的自由讨论，在这个过程中，幼儿再次加深了对艾粑制作方法和全流程的记忆，还通过绘画的方式将制作艾粑的流程生动地呈现出来。

幼儿积极讨论

幼儿绘制艾粑制作流程图

第一步：把艾草清洗干净。

第二步：把艾草放进锅里，加水煮熟。

第三步：把煮好的艾草放到榨汁机里榨成艾草汁。

第四步：将榨好的艾草汁与糯米粉混合在一起，进行和面。

第五步：取一点和好的面，把它
搓圆再压扁。

第六步：把馅料放在压扁的面团中心

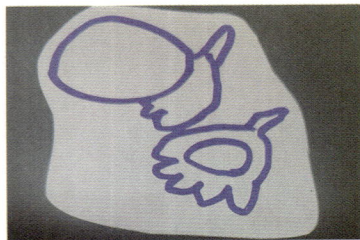

第七步：用面团把馅料包裹起
来，再搓圆压扁。

第八步：把做好的艾粑放在芭蕉叶
上，放入蒸锅内蒸熟即可。

**教师思考：**

　　在捕捉到幼儿对制作艾粑的兴趣的时候，老师给予他们充分的支持并
引导活动的生成。从"艾粑怎么做"的问题出发，幼儿踊跃参与到谈话活
动中，大胆提出想法。在整个过程中，幼儿全身心地投入其中，真实的
情境和问题引导着他们思考和交流，这让老师也深刻地认识到，幼儿感
兴趣的课程往往就隐藏在日常的生活之中。而老师的任务则是倾听和支
持他们，为他们创造有利的环境和条件，帮助他们更好地成长和发展。

## （三）一起来做艾粑

在充分了解了如何制作艾粑后，幼儿便迫不及待地开始准备制作艾粑。

### 1. 择艾草

幼儿首先围坐在餐具旁，认真地处理着艾草：把嫩绿、新鲜的艾叶留下来，将易枯且偏硬的梗部丢弃。接着，他们分成几个小组，认真地清洗艾草和芭蕉叶。

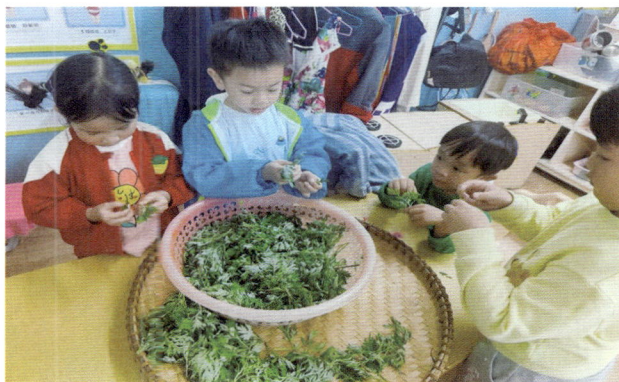

清洗艾草和芭蕉叶

### 2. 和面

欢洋把一小碗糯米粉倒进小盆里，接着，皓宇往盆里倒了半杯水。欢洋用手搓了搓糯米粉，说："好像面粉放得太少了，不好搓。"这时，一旁的佳琪加了一碗面粉，皓宇也把杯子里面剩下的水倒了进去。

欢洋又搓了一会儿，把自己的手举起来，说："你们看我手上全是干干的面粉。"

皓宇："是不是水太少了的缘故。"说完又接了一杯水倒了进去。就这样，一个加面一个加水。

眼见一小袋糯米粉已经全部倒入盆里，面还是没有和好，欢洋："老师，我们的糯米粉都用完了，还是没有把面和好。"

皓宇："不知是水太多了，还是面粉放少了，这面团就是和不好。"

老师："那你们自己清楚到底加了多少面粉，多少水吗？"

欢洋："我把糯米粉全部倒进小盆子里了。"

皓宇："我倒了四杯水。"

欢洋："可是面粉还是黏糊糊的。"

洲洲："为什么这个面总是很稀呢？"

翼程："为什么它总是黏住我的手？"

思雨："我们要加多少面粉才合适呢？"

第一次和出来的面又稀又黏手

面对犯难的大伙，老师提问："我们要怎样才能把面和好呢？"芮可想出了一个好办法："老师，我妈会做艾粑，我可以叫她来帮我们和面。"晨颖也表示自己的妈妈会做艾粑，而且做出来的艾粑香香甜甜的，特别好吃。幼儿一致同意邀请芮可和晨颖的妈妈来到班级里教大家做艾粑。

### 3. 一起做艾粑

放学后，在芮可妈妈、晨颖妈妈的巧手揉搓下，原本稀稀拉拉的糯米粉慢慢变成了成型的面团，幼儿的眼睛里流露出兴奋的目光。这时，老师提醒幼儿："请妈妈们帮忙真是个好办法！可是两位妈妈平时要上班，如果下次我们还要做艾粑的话，怎么办呢?"欢洋提出:"那待会和面的时候，我们可以记录使用了多少糯米粉和水，下次我们就可以自己和面了。"幼儿听了纷纷表示赞同。

于是，在两位妈妈再次和面的时候，幼儿一边看，一边记录着:当装面粉的碗和水杯一样大的时候，面粉和水的比例是1:1;在和面的时候一定要用力，如果手力比较小，一次最多揉两碗面粉的量比较合适。

按照两位妈妈教授的方法，幼儿也进行了尝试，模仿着妈妈们的姿势，不断地用手去揉搓糯米粉，大家齐心协力，终于揉搓出合适的面团!

幼儿一起观看芮可
妈妈、晨颖妈妈和面

幼儿围在一起做艾粑

幼儿制作好的艾粑

### 4. 怎样不让馅料漏出来

接下来，幼儿开始尝试用糯米面团包馅料了。

> 宇宇："我的花生老是漏出来。"
>
> 阿杰："你要多取一点儿面团，然后用力压扁一些。"
>
> 皓宇："我的花生粒都和面搓到一起了。"
>
> 嘉嘉："你这个也太大了吧，一点儿都不方便吃。"
>
> 老师："柳霖小朋友制作的艾粑好像没有把馅料漏出来。"

幼儿纷纷把目光投向柳霖，几个幼儿连忙询问柳霖的制作技巧。

柳霖大方地告诉大家："大家要先把面团揉圆，然后用大拇指在面团上按压一个凹槽，接着把馅料放在凹槽上，然后需要慢慢地将凹槽边沿的面收拢，保证包裹住馅料，最后收口就好，揉搓一下，压扁一些就可以了。"

幼儿受到柳霖的启发，纷纷尝试使用他的方法来制作艾粑。经过尝试，他们发现这个方法非常有效，每个人都能够成功地制作出艾粑。有些幼儿甚至进一步探索，发现了更好的方法。嘉嘉告诉大家："你们把艾粑的面压得扁一些，然后把馅料放在中间，接着像包饺子一样，把面粉捏起来，然后搓圆压扁。"幼儿用嘉嘉的方法，也成功地制作出艾粑。

### 5. 蒸锅太小了，怎么办

蒸煮环节到了，可幼儿发现大家制作的艾粑数量太多，而蒸锅太小，没有足够位置摆放这么多的艾粑，又再次讨论起来。

> 思雨："可以拿去我家蒸，我家有一口比较大的锅。"
>
> 乾皓："我家也有大锅。"
>
> 一皓："我们去找食堂姨妈帮忙吧，她们可以用蒸柜来蒸。"
>
> 芮可："食堂姨妈的蒸柜蒸得可快了，我好期待！"

幼儿将做好的艾粑一起拿到食堂，并请食堂的姨妈帮忙蒸熟。

最后，幼儿邀请食堂姨妈和老师一起来品尝他们做的艾粑。大家围坐在一起，享受着美味的食物。

## 教师思考：

陈鹤琴先生曾指出，孩子只热衷于两件事情，一是吃，二是玩。因此，为幼儿营造丰富多彩的环境，让幼儿在"吃"与"玩"的过程中得到满足，并从中汲取知识与经验，是老师应关注的核心课题。

幼儿的学习方式主要是依赖于直接感知、实际操作和亲身体验。在制作艾粑的过程中，幼儿全神贯注地投入其中，他们认真洗艾草、煮艾草和制作艾粑，遇到困难时，积极动脑筋寻求解决办法，大胆地表达自己的想法与感受。

整个活动过程，在材料的收集、和面等重要环节上得到了家长的大力支持和协助，这使老师深刻地认识到家园共育的互惠性，而幼儿的各种活动正是搭建起家园共育这一桥梁的基石。

## （四）卖艾粑

面对吃不完的艾粑，该如何处理呢？幼儿纷纷开始"建言献策"。

> 芮可："可以送给园长妈妈和其他老师吃。"
> 小玉："可以拿去分享给其他班的小朋友吃。"
> 天天："我们还可以拿去卖呀！"

这几位幼儿的建议得到了大家的认可。于是，芮可和她的朋友们先将一部分艾粑送给园长和其他老师品尝，再准备进行艾粑的售卖活动。

### 1. 问题一：在哪里卖艾粑

幼儿围绕"在哪里进行艾粑售卖活动"的问题展开了讨论，有的人提议在操场上设立摊位，有的人则主张去"歌仙一号"功能区摆摊，还有人认为在学校门口设点更为合适。

> 芮可："'歌仙一号'功能区的位置太小了。"
>
> 子琪："是啊，都装不下那么多的客人怎么办？"
>
> 智凯："学校门口太多人了，妨碍到其他人进出怎么办？"
>
> 欢洋："我觉得操场很宽敞，最适合卖艾粑了。"
>
> 晨颖："我们一起来投票决定吧！"

最后幼儿决定通过投票的方式来解决这一问题。经过投票、唱票的环节，"在操场上设立摊位"这一方案获得大部分幼儿的认可。

幼儿对售卖场地进行表决

## 2. 问题二：卖艾粑需要准备什么

> 佳琪："准备一辆小餐车。"
> 雅菲："我想用圆形的桌子来放艾粑。"
> 思雨："要背钱包去装钱。"
> 柯帆："要拿大盘子去装艾粑。"
> 钰芯："我想用吃饭的桌子来摆艾粑。"

## 3. 问题三：谁来卖艾粑

卖艾粑所需的东西已经全部准备妥当，下一步就是谁来担任"叫卖员"和"收银员"的问题了。由于班里报名参与售卖活动的幼儿实在太多，摊位无法容纳这么多人。面对这个情况，老师组织幼儿进行了一轮竞选活动，为这次售卖活动成功地选拔出几位优秀的"叫卖员"和"收银员"。

竞选活动后的投票环节

准备工作一切就绪后，幼儿开始在操场上卖艾粑。不一会儿，摊位前就已经排起了长龙，售卖人员热情洋溢的叫卖声，其他班级幼儿购买艾粑时的交流声，还有家长的称赞声，让整个售卖现场显得格外热闹。

售卖活动开始不到半个小时，所有的艾粑就已经被抢购一空。幼儿兴奋地把收到的现金拿到教室清点。次日他们纷纷向自己的好朋友分享了这份喜悦，并画下了自己在过程中的感受和收获。

幼儿在操场上售卖艾粑

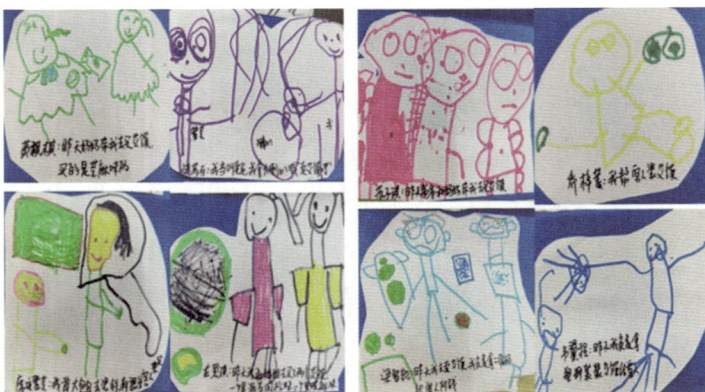

幼儿用绘画的形式把感受和收获表现出来

# 三、课程反思与收获

艾粑的制作活动在幼儿的心灵深处留下了深刻的烙印，家乡宜州美食的味道在幼儿的口齿之间回荡，余味悠长，这不仅是一种味觉的享受、文化的传承，更给幼儿带来了真实的学习体验。

## （一）关注幼儿的真实兴趣，促进幼儿的学习与发展

在这一主题活动中，老师扮演了引导者、支持者和合作者的角色，紧紧追随幼儿的想法，支持并尊重幼儿。在这个过程中，幼儿逐渐积累经验，

其动手操作的能力、自我解决问题的能力以及社会交往能力均得到了提升。这种以幼儿为中心的教育方式，有助于培养幼儿的自主学习能力和创造力，为他们的未来发展奠定基础。

老师在幼儿谈论"宜州特色美食"这一主题的过程中，捕捉到幼儿对艾粑的浓厚兴趣。从最初的好奇探索，到后期的亲自动手制作，这一系列的活动都紧紧围绕着幼儿的兴趣点展开，老师则逐步给予有效的引导和支持。在这个过程中，幼儿在不断地成长与蜕变，他们学会了观察、倾听、思考以及合作互助，这些品质让他们在制作艾粑的过程中更加得心应手。此外，幼儿还展现出敢于尝试和挑战的勇气。这种勇敢面对未知的精神，也让老师看到了幼儿身上闪耀的光芒，相信幼儿在未来的生活中一定能够继续发扬这种精神，勇往直前，无所畏惧。

## （二）坚持"以幼儿为本"，让幼儿在操作中体验快乐

"以幼儿为本"的教育思想认为，教育应该从幼儿现有的能力水平出发，尊重幼儿的兴趣与需要；应该贴近幼儿现实生活与需求，即关注幼儿当下生活的价值；应该让幼儿进行自由探索，给予幼儿自由操作的空间，让幼儿在探索的过程中获得满足感和尊重感，体验自由生长的力量。

艾粑这一传统美食，因其独特的形状和美味的口感，深受幼儿的喜爱。此次活动，以艾粑为引子，追随幼儿的兴趣，引导他们走进厨房，亲手制作艾粑。在这个过程中，幼儿不仅感受到成功的喜悦，更是在与同伴的互动中，增强了彼此的情感纽带，培养了团队协作的精神。

## （三）推动家庭的支持与配合，携手实现家园共育

幼儿在成长的每一个阶段，都离不开家庭与幼儿园的紧密合作。为了在家园之间建立平等互信的关系，幼儿园应认真倾听家长的意见和建议，也让家长有机会亲身体验幼儿园的日常生活，参与幼儿园的管理。老师也应引导家长理解老师工作对幼儿成长的价值，从而让家长尊重老

师的专业性，并积极参与和支持幼儿园的工作，成为幼儿园的合作伙伴。

在本次主题活动中，家长成为活动的建构者之一，他们不再只是教育的旁观者，而是真正参与到幼儿园的主题活动中。

在真实的教育场域中，家长可以多与幼儿一起体验幼儿园生活，听到幼儿的声音，看到幼儿的创造，参与到他们真实的学习中。通过这样的活动，家长不仅更加了解幼儿园的教育理念和教学方法，还意识到自身在孩子成长过程中的重要性，从而能更加积极地参与到幼儿的教育中来。

一个体验活动的结束，并不意味着幼儿的学习之旅画上了句号。在这个过程中，老师引导幼儿保持好奇心和求知欲，培养他们的观察能力、思考能力和实践能力。通过亲身参与，幼儿在实践中学习，在学习中成长。老师相信，在这片充满生机与活力的土地上，幼儿将不断挖掘自己的潜能，成为未来世界的探索者和创新者。

---

### ▸▸▶◀ 作者简介 ▶◀◂◂

韦凤英，中小学一级教师，参与"多元联动模式下刘三姐文化童趣体验课程的开发与实践"等多项课题，曾获2008年河池市"优秀教师"称号。

吴晶晶，中小学二级教师，参与自治区级、县区级等多项课题，曾获2020年河池市宜州区教育系统"优秀教师"称号。

岑晗，中小学二级教师，曾获河池市宜州区教育系统"优秀教师"称号，参与学前教育专业课题2项。

# 五色糯米饭香喷喷

文 / 雷翼巧　覃玲玲　杨芊华

## 一、课程故事起源

　　"广西三月三"的活动正在热烈且有序地进行中，琳琅满目的美食吸引了幼儿的目光，他们一边品尝着美食，一边与同伴交流着自己的感受："这个饭的颜色真漂亮！""这是糯米饭，口感软软的。""五色糯米饭的颜色是怎么来的？""五色糯米饭又是怎么制作的呢？"老师发现幼儿对颜色鲜艳的五色糯米饭表现出浓厚的兴趣，本着教育生活化、本土化的原则，为了让幼儿更好地贴近生活、贴近社会，引导他们了解宜州传统文化，认识宜州本地习俗，进而继承和弘扬民族文化，激发对宜州的热爱之情，老师和幼儿一起展开了一场奇妙的"五色糯米饭"探索之旅。

## 二、课程故事实施

### （一）认识五色糯米饭

　　在讨论的过程中，幼儿大胆提出自己的疑惑并与他人交流。

> 琪琪："为什么叫'五色糯米饭'不叫'三色糯米饭'呢？"
>
> 乐乐："因为这个饭有五种颜色呀！"

老师通过视频、绘本、《认识五色糯米饭》故事以及家园共育活动等多种方式来增进幼儿对五色糯米饭的了解：五色糯米饭之所以被称为"五色"，是因为它呈现出黑、红、黄、紫、白五种颜色。在壮族人民的心目中，五色糯米饭是"吉祥如意"和"五谷丰登"的象征，它不仅被用来招待尊贵的客人，更是祭祀先祖的重要供品之一。

## （二）做香喷喷的五色糯米饭啦

在幼儿初步认识了五色糯米饭之后，许多幼儿表示自己也想亲手制作一份五色糯米饭。在开始制作之前，幼儿就遇到了第一个问题：如何让米变颜色呢？

### 1. 认识植物染料

> 乐乐："五色糯米饭的颜色是怎么染上去的？"
>
> 多多："是不是用颜料染上去的？"
>
> 欢欢："不行，颜料是不能吃的。"
>
> 禹川："那用水彩笔，可水彩笔也不能吃呀！"
>
> 梓琳："爷爷用树叶做成的黑色的染料水，做成了黑色的米饭。"

幼儿的回答充满了童真，老师决定让他们亲自寻找答案。于是，老师请家长帮忙，和幼儿一起去收集可以用来做染料的植物，并让幼儿把这些植物带到幼儿园。当幼儿兴奋地观察着每一种植物时，老师也顺势而为，鼓励幼儿通过多种感官来认识植物染料。

家家："这个枫叶的叶子是三角形的。"
禹川："像手掌一样。"
永璇："密蒙花的花朵小小的。"

一起认识植物染料

幼儿利用感官认识了密蒙花、枫叶、蝶豆花、红蓝草这些植物染料的外形特点：密蒙花的花瓣柔软；枫叶的叶片有锯齿状的边缘；蝶豆花的花朵呈现出蓝紫色调；红蓝草的茎叶则呈现出鲜红色。为帮助幼儿加深对这些植物的印象，老师也鼓励幼儿用绘画的形式把自己认识的植物染料画下来。

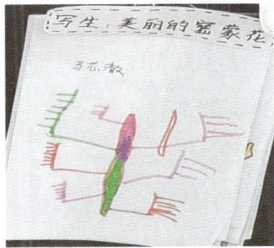

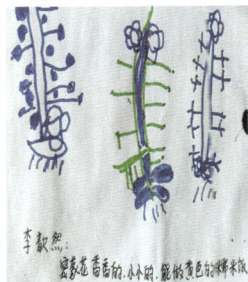

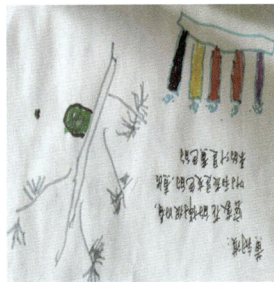

美丽的密蒙花写生

## 2. 植物染料会变出什么颜色

> 成宸："红蓝草能变出什么颜色呢?"
> 玥玥："我觉得是绿色的,因为红蓝草就是绿色的。"
> 浩浩："我觉得枫叶可以变出红色的染料。"

幼儿一边大胆地推测,一边充满好奇心地操作起来。他们分别将不同植物的花瓣、叶片和根茎放入水中,认真观察着其中的变化。但是等了好一会儿,还看不到任何颜色的变化,幼儿有些失望。

> 玥玥："怎么还是没有颜色呀!"
> 墨墨："要等时间长一些,我们过会儿再来吧。"
> 吃完了午餐,玥玥开心地说:"你们看,红蓝草变出红色了。"
> 墨墨："好神奇呀!枫叶把水变黑了。"
> 周沫："蝶豆花变出蓝色了。"
> 琪琪："密蒙花的水变黄了。"

幼儿开心极了!通过亲身实践和耐心观察,运用浸泡的方法,他们看到了一些植物呈现出了不同的色彩。

## 3. 加速制作植物染料

第二天,幼儿惊奇地发现,染料的颜色变得更深了。

圆圆："我知道怎么让染料变颜色更快!可以把植物放进锅里煮,煮一会儿颜色就会变深了。"听了圆圆的话后,幼儿从"牛哥厨房"借来了多功能锅,把红蓝草放进锅里煮。透明的水很快就变成了红色。

接着,幼儿又把枫叶和密蒙花分别放进锅里煮,煮出了黑色和黄色的染料水。通过这次尝试，幼儿知道了利用水煮的方法可以加快植物出色的速度。

幼儿煮红蓝草

煮好的红蓝草染料

### 4. 糯米变色啦

植物染料已经准备好啦，接下来就需要将糯米染色了。老师指导幼儿从厨房拿来了一些糯米放到泡好的植物染料水里。

幼儿讨论着、猜测着染色的时间，因为有过浸泡的经验，所以幼儿知道染色需要一定的时间。户外活动结束后，幼儿马上跑到小桌子旁边观察浸泡的糯米。

> 琪琪："米变颜色了吗?"
>
> 玥玥："怎么感觉还是白色的。"
>
> 幼儿纷纷用手把米捞起来进行观察。
>
> 玥玥："你们看，米有点儿红了，我的手也变红色了。"
>
> 天天："密蒙花米变黄了，我的手也变黄了。"
>
> 琪琪："我的手变黑了。"

浸泡的糯米慢慢地被染上了颜色，幼儿看着自己被染上颜色的手也开

心地笑了。经过这一次的浸泡活动，幼儿发现：时间越长，糯米的颜色就越深，想要糯米颜色变得深一些，就要延长糯米的浸泡时间。

浸泡糯米

### 5. 糯米饭做好啦

幼儿将浸泡好的糯米精心地摆放在餐盘里，一些幼儿甚至摆出了各式各样的造型。紧接着，他们请食堂姨妈帮忙将摆好的糯米蒸熟。

经过一番努力，糯米饭终于制作完成了。姨妈将热气腾腾的糯米饭送到班级中，幼儿品尝了自己亲手制作的糯米饭，脸上都洋溢着快乐的笑容，他们还把做好的糯米饭分享给了幼儿园的其他幼儿，将他们的欢乐传递下去。

幼儿进行糯米饭摆盘　　　　　　　　糯米饭蒸好了

幼儿品尝糯米饭　　　　　　　　　幼儿分享糯米饭

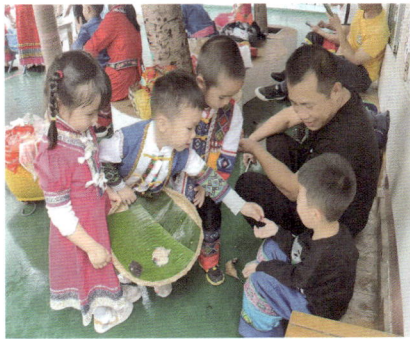

### 6. 进阶的糯米饭

成宸把煮好的糯米饭放在手里搓成球状，对身边的玥玥说："你看，这是我做的寿司糯米饭。"玥玥也把糯米饭搓圆："这是我做的肉松小贝（一种裹满肉松的球形小蛋糕）糯米饭。"成宸连忙问道："肉松糯米饭不知道味道怎么样？"然后咚咯地笑了起来。

琪琪看到这一幕，说："老师，我们可以做肉松糯米饭吗？你看这个糯米饭，圆圆的，和肉松小贝很像。"

玥玥的提议得到了幼儿的一致赞同，大家都想尝一尝肉松加上糯米饭的味道。

于是，老师从"牛哥厨房"拿来了肉松、葡萄干、碎海苔，让幼儿尝试制作不同口味的糯米饭。这次，幼儿将煮好的糯米饭搓成了团。一些幼儿在糯米团上撒上了肉松和海苔，而另一些幼儿则选择将肉松和海苔直接混入糯米饭团中，再一同搓圆。制作完成后，幼儿一口一口地品尝着自己"创作"的新口味糯米饭，每个人都吃得津津有味。这款进阶版的糯米饭赢得了幼儿的一致好评，其肉松与海苔的搭配口感独特且美妙，完全没有变成"黑暗料理"。

玥玥："天呀，葡萄干肉松糯米饭太美味了。"

成宸："太好吃了，加了肉松的糯米饭。"

琪琪："这是我吃过最好吃的糯米饭！"

成宸做的糯米团

进阶版的糯米饭

　　幼儿不仅亲身体验到制作糯米饭的乐趣，还通过各种艺术形式，生动地表达了他们在制作糯米饭过程中的感受与收获。

幼儿画出制作五色糯米饭的过程

画笔下的五色糯米饭

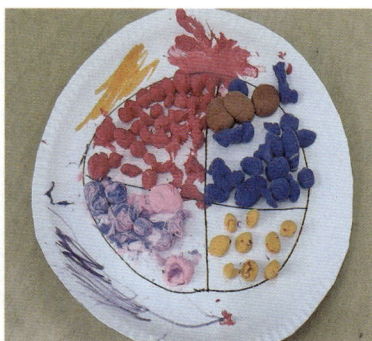

浩浩用黏土制作五色糯米饭

**教师思考：**

对于幼儿而言，他们的知识大多都来自感官获得的体验，但当他们将怀揣着的探索之心转化为自身行动的内驱力，获得更多的经验与成长，这也是一种极其美妙的经历。

## （三）染料还有什么作用

### 1. 问题一：植物染料可以用来画画吗

在班级的区域游戏时间，昱含拿着剩余的植物染料水走到老师面前，好奇地问道："老师，我能用这个有漂亮颜色的染料水吗？"当老师询问她打算用来做什么时，昱含答道："这个颜色好漂亮，我想用来给我画的花涂颜色。"这时，好多感兴趣的幼儿都围了过来，纷纷发表了自己的见解。

> 佑佑："这个可以的，它都可以把糯米染上漂亮的颜色，如果用来画画，颜色肯定也很漂亮的。"
>
> 成宸："怎么涂上去呢？"
>
> 昱含："我用涂颜料的笔涂上去吧。"

老师鼓励大家试一试。于是昱含走到艺术区，尝试用笔蘸取染料水在纸上涂抹。然而，她发现染料水似乎无法在纸上附着上色。

### 2. 问题二：植物染料可以染在纸巾上吗

当发现植物颜料无法涂抹在纸上，玥玥突然说道："颜料涂不上白纸，那可不可以涂上纸巾呢，纸巾软软的，更容易染上颜色。"

于是，玥玥把纸巾放到染料水里，然后再从水里拿出来。

佳颖："这个纸巾放到颜料水里就打不开了。"

启珩："放下去之后纸巾就太软了，要很小心地拿起来，不然纸巾会坏的。"

### 3.问题三：植物染料还可以用来染布吗

纸巾不行，白纸也不行，那除了糯米饭，还有什么东西可以被植物颜料染上颜色呢？幼儿一时无法找到合适的"材料"。

过了几天，成宸在路过"三姐工坊"的时候看到了扎染的布，便灵机一动："老师你看，这扎染是用布料做的，我们的植物染料可不可以染布呢？"

面对好奇的幼儿，老师先是简单介绍了扎染的制作方法，随后播放了一段扎染过程的视频。幼儿观看后感到非常惊奇，原来只需将布扎起来并染上颜料，就能得到具有不同花纹的布料。

全全："我们可以用我们的植物颜料，用这样的方法来染布，这样漂亮的颜色就可以一直就在布上了。"

昱舍："我觉得可以的，我们一起试一试吧。"

成宸："我也想试一试。"

幼儿从"三姐工坊"中把布料拿到教室里，便开始了尝试，有的幼儿直接把布放到颜料水里，有的幼儿则是把布扎起来再放到水里，并按照扎染的方法把布晾干。

经过尝试，幼儿发现颜料真的可以染在布料上，并且布料也不会坏，最后，尽管晾晒出来的布料颜色略显浅淡，幼儿依然成功地完成了第一次染布活动。

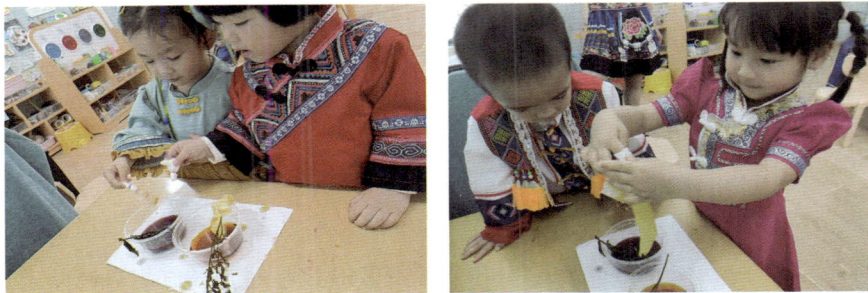

幼儿正在扎染布料

**教师思考：**

美国教育家杜威曾指出，教育即经验的不断改造，《3-6岁儿童学习与发展指南》中也强调，要理解幼儿的学习方式和特点，最大限度地支持和满足幼儿通过直接感知、实际操作和亲身体验获取经验的需要。由此可见，幼儿园需重视幼儿直接经验的获得，强调幼儿的经验建构，还需真正关注幼儿的生活经验、行动和思维。

在"染料可以有什么作用？"的问题推进过程中，老师抓住了"可以用来染什么？"的偶发话题，尊重幼儿个性和学习方式的同时，发现幼儿的内在需要，帮助幼儿唤醒已有经验，引导其组合新旧经验，从而提升有益经验。

本次探究活动结束后，班级幼儿还对生活中其他物品的染色过程产生了兴趣，并愿意进一步思索其他有趣的生活现象。

# 三、课程反思与收获

## （一）以问题为探究导向，鼓励幼儿动手动脑

杜威说，幼儿有调查和探究的本能，探索是幼儿本能的冲动，好奇、好问、好探究是幼儿与生俱来的特点。幼儿的问题是课程发展的主要线索，

在不断发现问题、解决问题、引发新问题的过程中，幼儿的经验在积累，课程在深入。老师的作用则是把问题明晰化，如拓展有关植物染料的用途，引导幼儿用自己的方法对不同的材料进行探索，以进行新旧经验的连接。

在制作五色糯米饭的过程中，幼儿提出了一系列问题：植物会变出什么颜色的染料？糯米会染上颜色吗？这些既是幼儿的兴趣点，也指引着幼儿的探索方向。但是遗憾的是，我们没有及时鼓励幼儿尝试将自己的发现进行简单地记录，抓住契机提高幼儿的记录能力。

## （二）依据幼儿年龄特点，做支持型老师

《幼儿园教育指导纲要（试行）》指出：教育活动的内容，应考虑幼儿的学习特点和认知规律，应提供给幼儿自由表现的机会，寓教育于生活、游戏中，最大限度地支持和满足幼儿通过直接感知、实际操作、亲身体验来获取经验的需要。

小班的幼儿动手能力较弱，以直观思维为主，老师应充分尊重幼儿的自发、自主的学习，积极开展实践探究活动，把活动的主动权交给幼儿。同时，在活动开展的过程中，老师还应充分尊重幼儿的想法，从材料上、环境上，支持幼儿去尝试、探索。

## （三）合理利用资源，家园合作共赢

苏联著名教育家苏霍姆林斯基曾提出，教育的完善意味着家庭作用的增强。两个"教育者"——学校和家庭，不仅要行动一致，向幼儿提出同样的要求，而且要志同道合，始终从同样的原则出发，只有这样，才有助于幼儿实现和谐的全面发展。

随着教育的不断发展，家庭和幼儿园的关系越来越密切。《幼儿园教育指导纲要（试行）》指出：家庭是幼儿园重要的合作伙伴。幼儿老师应本着尊重、平等、合作的原则，争取得到家长的理解、支持和主动参与，并积极支持、帮助家长提高教育能力。

在本次活动中，老师鼓励家长积极参与，从为幼儿准备植物染料到给幼儿解答疑难，家长给幼儿提供支持的同时，也了解幼儿在探究中的表现，有效地实现了幼儿园、家庭和社会等多方面教育资源整合。

### ——❖❖ 作者简介 ❖❖——

雷翼巧，中小学二级教师，幼儿园青年骨干教师，参与幼儿园多个课题研究，2023年参加幼儿园环创评比及班级常规活动获得一等奖。

覃玲玲，中小学一级教师，宜州区"优秀教育工作者"，参与学前教育专业课题4项，曾多次荣获河池市幼儿园教师技能大赛一等奖。

杨芊华，中小学二级教师，参与各级各类教师技能大赛获一、二等奖。

# 桑葚"酸咪咪"

文 / 张代丽　王晓

## 一、课程故事起源

在一次户外活动中，幼儿正在园内的中草药长廊旁踩着高跷。

突然，晨晨兴奋地叫喊起来："大家快来看，这棵树结出野果了！"

桓桓："这不是野果，这是桑树，结的是桑葚。"

泽泽："我知道蚕虫喜欢吃叶子，是不是也喜欢这个果实？"

阿宝："我觉得它有点儿像小颗的紫色葡萄。"

灏灏："看，这颗是绿色的，这颗好像有点红。"

乐乐："为什么一颗桑葚的身上有红色又有黑色，它们是生病了吗？"

康康："绿色的桑葚可以吃吗？吃了会中毒吗？"

**教师思考：**

《3-6岁儿童学习与发展指南》指出："幼儿科学学习的核心是激发探究兴趣，体验探究过程，发展初步的探究能力。"

在"中草药本领大"主题活动的开展过程中，幼儿对中草药种植长廊中的桑葚已产生了浓厚的兴趣，对其颜色和味道充满了好奇。桑葚作为一味中药，它在幼儿认识、探索中草药的秘密以及传承传统文化的过程中，起到了积极的推动作用。因此，我们以幼儿的兴趣为出发点，鼓励他们踏上一场探寻桑葚秘密的旅程。

# 二、课程故事实施

## （一）桑葚初探：桑葚的形状和颜色

沫沫："桑树上好多都是绿色的桑葚。几粒有点儿红，但也有点儿绿。"

泽泽："我看到有一颗变紫了。"

乐乐："是有点儿紫又有点儿黑。"

桓桓："桑葚是不是先是绿色，然后到红色，接着到更红的颜色？"

杨洋："更红的颜色就是紫色了。"

睿瑞："最后就变黑色了。"

雨涵："嗯，我也这么想的。我们可以每天都去中草药长廊看一下。"

小宝："我们可以每天观察，然后记录下来。"

阿宝："我同意。"

想想："我也同意。"

经过讨论，幼儿决定每天都对园内中草药长廊里的桑葚进行观察。

幼儿认真观察桑葚

　　经过一段时间的观察，幼儿对桑树和桑葚有了新的发现：桑树的枝干上长满了叶子，叶子呈现出爱心的形状，边缘还带有小锯齿，触摸这些叶子时，可以感受到它们的粗糙质地。且靠近桑树时，还能闻到一股清新的青草香气。

　　　　欢欢："桑树的叶子绿绿的，有些大，有些小。"

　　　　小宝："桑葚看起来是圆圆的。"

　　　　泽泽："有点儿像葡萄呢。"

　　　　阿嘉："桑树叶闻起来像是青草的味道。"

　　　　睿瑞："桑葚每天都不一样，颜色越来越深了。"

　　　　乐乐："桑葚变黑了，摸起来有点儿软软的。"

　　　　杨洋："我摸到了，有汁水。"

　　随后，在区域活动中，幼儿用画笔描绘出自己观察到的桑葚。

幼儿画桑葚

**教师思考:**

幼儿是具有学习能力的个体。在初次接触桑葚时,幼儿充满了好奇,提出了许多问题,尤其是对桑葚的颜色表现出浓厚的兴趣。有些幼儿甚至向老师询问答案,迫切地想要了解变色的缘由。于是,老师将问题抛回给了幼儿:"你们可以通过自己的眼睛去观察,相信你们会有新的发现。"此外,老师还鼓励幼儿积极参与讨论,并尝试成为学习活动的主人。

## (二)桑葚再探:与桑葚亲密接触

在观察桑葚的过程中,坤坤提出:"噢,我知道了,桑葚的颜色是不一样的,我想吃紫色的桑葚,我想可能会很甜。"

子熙马上回立道:"可是幼儿园的桑葚太少了,老师说不能摘来吃,要让其他小朋友也可以观察桑葚。"

彤潼:"我们院里很多桑树,我让妈妈带我去摘些来吃。"

可乐:"妈妈说外婆家也有桑葚。我可以拿点儿来给你们吃。"

沛沛:"蚕虫吃桑叶,我们可以吃桑叶吗?"

想想:"蚕宝宝吃桑葚吗? 我们吃了会拉肚子吗?"

小宝:"我妈妈带我去桑葚果园摘过!"

好好:"我也想去采摘桑葚。"

思捷:"我奶奶在乡下老家就种了很多桑树,明天我就想去摘。"

为了进一步鼓励幼儿探究,老师向他们提出了一个建议:"小朋友都非常喜欢桑树和桑葚。如果你们对桑树、桑葚有任何疑惑,可以回家与爸爸妈妈一起查阅资料。明天到幼儿园,和大家一起分享你们的发现哦。"

老师根据已经提出的问题,与幼儿共同设计了一份《"桑葚"大调查》的亲子调查表,并向家长发放。幼儿回到家后,与父母一同查找资料,寻找答案。同时,老师也鼓励家长与孩子一起开展桑葚采摘活动!

### 1. 采桑葚

宜州是全国最大的桑蚕养殖基地，借助这一独特的优势，老师邀请家长带领幼儿亲身参与，通过实际体验，让幼儿深入感知。一场寓教于乐的亲子采摘桑葚活动拉开了序幕。

幼儿画采摘故事

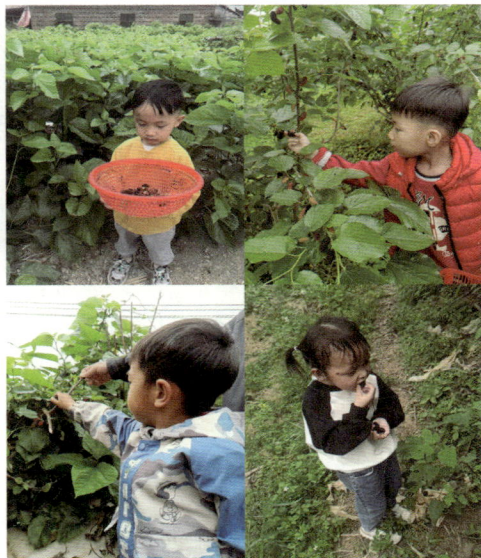

幼儿采摘桑葚

### 2. 亲子调查表

经过调查研究和亲子采摘活动后，幼儿带着丰富的实践经验和新的发现回来了。他们与家长及同伴分享了自己的调查结果和实践体验，并将这些发现与感受记录在亲子调查表中。

幼儿不仅了解到桑葚的生长环境及其种植过程，还亲手采摘了桑葚，品尝了桑葚的美味。这些直观的体验让他们对桑葚有了更深的理解，也激发了他们对自然的热爱和探索的兴趣。

完成后的亲子调查表

分享会上，幼儿争先恐后地向老师和同伴们展示自己的成果，有的幼儿还带来了自己画的桑葚图片，让大家一起欣赏。老师也鼓励幼儿多交流，分享自己在采摘过程中的趣事和感受。

乐乐："黑色的桑葚不是会很甜吗？为什么我吃的却是很酸的味道？"

若琳："我采摘了好多桑葚，我感觉很甜。"

世航："我在田里看到长长的桑葚，穿着绿色的衣裳，看着好像毛毛虫呀！"

萌萌："我觉得像薯条。"

桓桓："我知道桑葚富含很多维生素C，多吃可以让身体棒棒的。"

若曦："我爸爸查资料说多吃桑葚对眼睛好。"

小宝："我和妈妈去桑葚园摘的是长条的，味道很甜。"

小迪："我和爸爸在电脑上看到，桑葚可以做成好多好吃的。"

莎莎："我和妈妈摘的桑葚又红又酸！"

沛沛："我摘了很黑的桑葚，我的手还洗不干净！"

幼儿将自己的体验画下来

**教师思考：**

《3-6岁儿童学习与发展指南》中指出："成人要善于发现和保护幼儿的好奇心，充分利用自然和实际生活机会，引导幼儿通过观察、比较、操作、实验等方法，学习发现问题、分析问题和解决问题。"当幼儿对桑树和桑葚感到好奇，老师没有直接告诉桑葚的知识，而是引导幼儿回家与父母一起调查，通过观察和实践，让他们自己发现桑树的特点，如叶子的形状、果实的颜色等。通过与家长、同伴分享和交流，幼儿也有机会从自己的角度阐述对桑葚的认知，这不仅锻炼了他们的表达能力，也有助于他们拓展思维，深化对桑葚的理解。

此外，桑葚采摘活动让幼儿有机会近距离接触和品尝桑葚。在采摘过程中，他们不仅能感受到桑葚的美味，还能了解到桑葚的种类和作用。这种"实践出真知"的方式，让幼儿在实践中学习和成长，也更有利于他们对知识的理解和记忆。

## （三）桑葚体验：一起吃桑葚

采摘活动结束后，幼儿兴高采烈地把自己采摘的桑葚带回幼儿园进行分享，他们品尝着自己亲手摘下的桑葚，嘴里甜滋滋的，心里也甜滋滋的。

幼儿品尝桑葚

### 1. 问题一：桑葚可以用来做什么

当幼儿快结束品尝时，问题随之而来：面对还未食用的且数量较多的桑葚，如何处理这些果实呢？幼儿纷纷发表了自己的看法。

> 沛沛："我们可以做桑葚蛋糕。"
> 晚晚："可以做成桑葚冰激凌。"
> 禾禾："可以做桑葚汁。"
> 翔翔："我想做桑葚果汁，很想品尝它到底是什么味道。"
> 佳宜："我跟妈妈在电脑上看，还可以做桑葚果干和桑葚果酱呢！"
> 佳佳："我妈妈说桑葚是药，可以治疗感冒咳嗽。"
> 小雷："可以泡茶喝吗？"
> 妮妮："我们来试试看吧！"
> 霏霏："桑葚能做这么多的美食，可我们没办法全部做，那该怎么办呀？"
> 博文："我们可以用投票的方式呀，哪种的票数高就先做哪种呗！"

经过紧张的投票和统计，幼儿发现"制作桑葚果酱"选项的支持者最多。最终，幼儿决定先制作桑葚果酱！那么，如何制作这款美味的果酱呢？

围桌讨论

**教师思考：**

当幼儿对"桑葚可以用来做什么？"这一话题产生兴趣并展开讨论时，作为老师，需要站在他们身后，观察和倾听他们的声音。在这个过程中，老师要尊重幼儿的想法和意见，给予他们足够的自主权。例如，当幼儿遇到桑葚太多吃不完的问题时，幼儿能自主迁移以前班级种菜时的民主投票经验，来解决活动过程中遇到的问题。通过这样的方式，老师可以帮助幼儿培养独立思考、解决问题的能力，同时也激发他们的探索兴趣。

## 2. 问题二：怎么清洗桑葚

要制作桑葚果酱，首先要确保将桑葚清洗干净。然而，对于幼儿来说，如何正确清洗桑葚却成了一个小挑战。

乐乐："上次吃草莓的时候，我奶奶是用面粉清洗的。"

泽泽："有次我去摘杨梅，我发现妈妈也是用面粉，还有盐去洗杨梅的。"

欢欢："好像花菜也是需要用面粉来洗的。"

桓桓："是的，花菜也要用面粉来洗，洗完后还会有脏的东西出来。"

毅屺："葡萄好像也是需要用盐来清洗的，因为每次我没有剥皮吃的时候，都感觉有点儿咸咸的味道。"

最后，幼儿决定尝试分别用面粉和盐来清洗桑葚，结果这两种方法都能让桑葚变得非常干净。

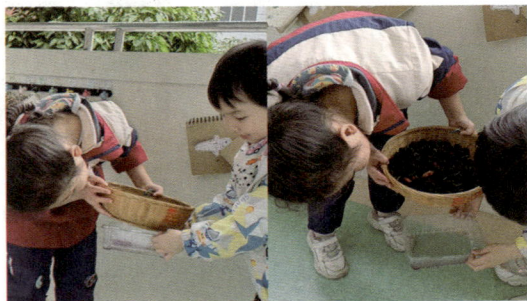

幼儿洗桑葚

**教师思考：**

幼儿的学习过程，主要依赖于实践经验。他们通过亲身感知和实际操作，积累并获取知识。以清洗桑葚为例，老师并未直接告诉幼儿如何操作，而是给予他们足够的时间去思考和探索。在这个过程中，幼儿运用自己的生活经验和智慧，成功地将理论知识迁移到实际操作中，从而解决了清洗桑葚的问题。这不仅锻炼了他们的动手能力，也提高了他们解决问题的能力。

### 3. 问题三：桑葚果酱怎么做

清洗好桑葚后，幼儿摩拳擦掌，准备制作果酱。桑葚果酱具体应该怎么做呢？

> 小宝："我和妈妈在家尝试过制作果酱！"
>
> 沛沛："要用什么来做呢？"
>
> 桓桓："桑葚很酸，要放糖吗？"
>
> 佳佳："我想要放蜂蜜！"
>
> 丽莎："是不是要一边煮一边搅拌，像煮南瓜汤一样？"
>
> 玲玲："要煮多久，才会变成桑葚果酱呢？"
>
> 乐乐："需要加水吗？"
>
> 嘉嘉："要用黑色的桑葚做！"
>
> 晗晗："我们可以用冰糖试试看！"
>
> 小迪："老师，我们可以在教室里试一试吗？"

幼儿充满热情地投入桑葚果酱的制作中，在前期的筹备过程中，幼儿充分发挥了团队合作精神。他们自主讨论分工，有的负责将剩余的桑葚清洗干净，有的负责把桑葚柄给掐掉，有的负责把桑葚放入锅中，开始熬煮。

在前期的筹备工作完成后，幼儿纷纷围聚在锅边，满怀期待地开始制作果酱。他们首先在装有桑葚的锅中加入适量的水和糖，然后以小火慢慢熬煮。在熬煮的过程中，他们持续搅拌，防止果酱粘附在锅底。经过一段时间的精心熬煮，桑葚果酱逐渐变得浓稠，散发出令人垂涎的香气。最后，幼儿将熬制好的桑葚果酱倒入干净的瓶子中。他们为自己的劳动成果感到自豪，同时也对能够品尝到自己亲手制作的美味果酱而兴奋不已。

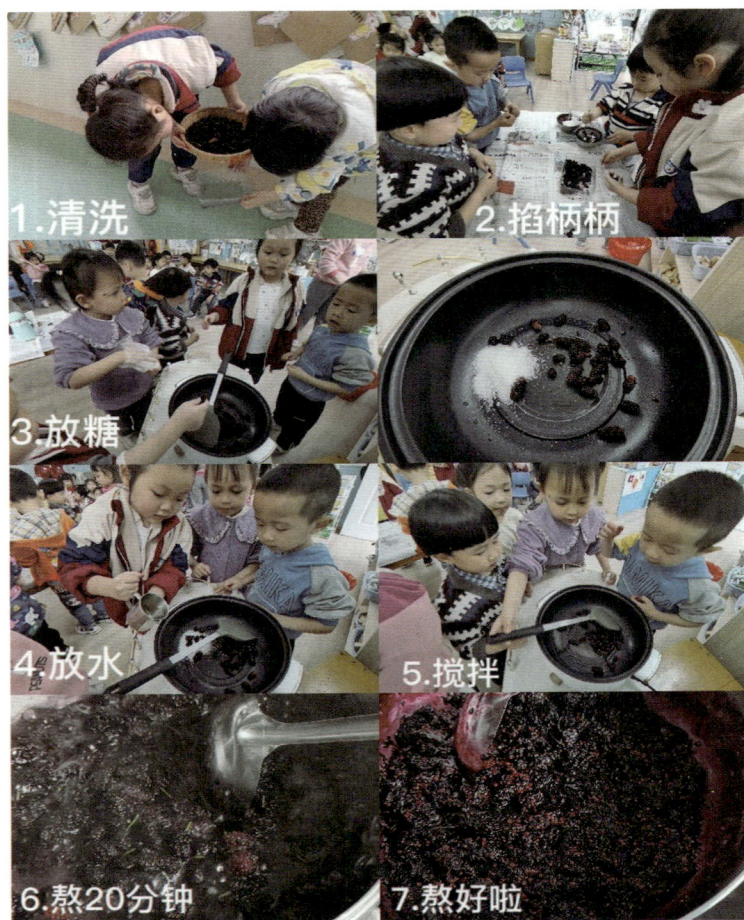

制作桑葚果酱的步骤

**教师思考：**

在制作桑葚果酱的过程中，幼儿亲手实践，并从中受益良多。整个制作过程完全符合学前幼儿的学习特点，即通过亲身参与和体验，以感知、操作和实践为主要方式进行学习。

首先，这个过程锻炼了幼儿的动手能力。在熬制果酱的过程中，他们需要亲自操作，如加入适量的水和糖，不断搅拌果酱，用小火慢慢熬煮等。这些动作都需要一定的协调性和精细性，对幼儿的手眼协调能力和精细动作能力的培养大有裨益。

其次，这个过程培养了幼儿的观察能力和独立思考能力。在熬制果酱的过程中，幼儿需要观察果酱的变化，如颜色、浓度等，从而判断果酱是否熬制得当。这个过程需要幼儿细心观察，及时发现熬煮中出现的问题并思考解决办法。

最后，当幼儿看到自己亲手制作的果酱成功出炉，他们的自信心和成就感得到极大的提升。这种积极的反馈会激发他们对学习的探索热情。

## （四）桑葚代言人

幼儿品尝完自己亲手制作的桑葚果酱后，充满了满足感和自豪感。他们开始结合之前在家和父母一起做的调查，热烈地讨论起桑葚果酱的各种好处。

泽泽："桑葚果酱酸酸甜甜，很好吃，又可以让我们的身体变得很强壮。"

子熙："桑葚果酱泡水喝，可以治感冒。"

幼儿对桑葚果酱的兴趣依然浓厚，老师顺势问道："我们中一班的小朋友都知道了桑树、桑葚的'优点'，那有什么方法让其他班的小朋友也知道呢？"

灿灿:"我们去告诉他们呀!"

桓桓:"幼儿园那么多个班级,有弟弟妹妹,有哥哥姐姐,我们都到他们班级里说?"

乐乐:"我们可能没有那么多时间。"

好好:"可以去老师办公室广播。"

博文:"可是太吵了,好多人在操场玩游戏。"

睿瑞:"可以拿手机录视频介绍,放在每个班的电视上给大家看,就像老师带我们回顾游戏那样。"

老师:"这个主意听上去不错,那谁来录视频,当桑葚果酱的代言人呢?"

　　幼儿对成为桑葚代言人的热情高涨,纷纷报名参加竞选。经过激烈的投票,最终选出了三位优秀的候选人。在终极选拔赛中,桓桓凭借其出色的表现和魅力,以绝对的优势赢得了大家的青睐,成功当选为桑葚代言人。

幼儿进行投票

幼儿参与竞选　　　　　　幼儿展示所得票数

**教师思考：**

在活动的过程中，老师在创设支持性环境、给予幼儿尊重和信任等方面具有不容忽视的重要性。老师营造了一个宽松和谐的氛围，让幼儿感受到安全和亲切。这样的环境不仅有利于培养幼儿的学习主动性，还能提高他们参与的积极性。在自由参选和民主投票活动中，幼儿的成长有了质的飞跃。他们争先恐后地"推销"自己，展现出大方、勇敢和自信的一面，这些美好的品质正是老师希望培养的。

在幼儿园里，幼儿通过这种特殊的方式体验到"选举"和"被选举"的权利。这无疑是对他们成长的最好诠释。作为教育工作者，应该始终关注幼儿的需求，为他们提供一个充满关爱和支持的环境，让他们在这样的环境中茁壮成长。

# 三、课程反思与收获

陈鹤琴先生曾说："大自然是我们的知识宝库，大社会是我们的生活宝库，是我们的活教材。"这句话深刻地揭示了教育应该回归自然，且与周围环境产生互动。

## （一） 幼儿的收获——自主思考、解决问题的能力逐步提高

在活动开始时，幼儿只是对桑葚进行了初步的探索：通过观察桑葚的外形特征，品尝味道来认识桑葚。随着活动的深入，通过观察、采摘、品尝和制作桑葚果酱对桑葚的了解逐渐增加，这一过程不仅让幼儿发现了问题，还培养了他们解决问题的能力，他们的经验储备也越来越多。

当遇到问题时，幼儿能够将已有的经验迁移到活动中，例如在如何清洗桑葚以及如何选择"代言人"的环节中，幼儿通过运用经验迁移和主动思考的方式，成功地解决了问题。在这个过程中，幼儿的自主学习能力和

探究能力得到了很大的提升。

除了解决问题，幼儿亲自品尝新鲜的桑葚并制作桑葚果酱的过程也给他们带来了无穷的乐趣和成就感。最重要的是，这些活动为幼儿提供了亲近大自然的机会。他们能够亲身感受到大自然的美丽和神奇之处，这对于他们的身心健康和全面发展都具有重要意义。

## （二）老师的收获——班本化课程的鹰架水平逐步提升

杜威认为，教育者的责任就在于，从现有经验的范围内，选择那些有希望、有可能提出一些新问题的事物，这些新问题能激起新的观察和新的判断的方式，从而扩大未来的经验的范围。

在讨论"怎样宣传桑葚的作用？"的环节中，有幼儿提出"可以拿手机录好视频，放在每个班的电视上给大家看"的建议。这个提议显示出幼儿对解决问题已有初步的方向性，但在把握解决问题的关键点上需要成人的引导。因此，老师的一句"谁来当代言人？"就能让幼儿豁然开朗，从而开启"竞选代言人"的活动。幼儿是有能力的学习者，但老师不应该一味要求幼儿去自主探索，而是要学会适时地给予幼儿帮助和支持，给予他们柳暗花明般的温暖。只有这样，班级课程的发展才会更加"甜美"。

---

### ➤➤➤ 作者简介 ◀◀◀

张代丽，中小学一级教师，曾获河池市南丹县"优秀班主任"、河池市宜州区教育系统"优秀班主任"称号，连续多年参加河池市幼儿园教师技能大赛并获嘉奖，参加自治区幼儿园游戏案例比赛获二等奖。

王晓，中小学高级教师，曾获得各级"优秀教师""先进党务工作者""最美家庭"荣誉。

# 第二章
## 童美"哪嗬咿嗬嗨"

此篇章生动描绘了宜州地区丰富多彩的民俗艺术，如彩调、抬阁顶马、山歌、供月亮等。这些民俗艺术是一代代宜州人民创造并传承下来的瑰宝，具有独特的文化内涵。对于幼儿来说，通过探索这些本地民俗艺术，他们能够更深入地感受和理解到家乡的独特文化韵味。这种体验不仅有助于培养幼儿对传统文化的兴趣，也有利于幼儿在日常生活中更好地融入社会，增强对地方文化的认同感和归属感。

　　同时，幼儿在探索这些艺术和民俗的过程中，也能体验到艺术传承的魅力和价值。通过亲身参与，他们可以了解到传统艺术的精湛技艺和深刻内涵，从而激发他们对传统文化的热爱和尊重。这种体验也将激励他们在未来更加积极地传承这些宝贵的文化遗产。

# 一起"哪嗬咿嗬嗨"

文／沈羽　何燕

## 一、课程故事起源

近期，园所在各个活动场地增设了许多彩调用的手绢花和花扇。慧慧和阿洁等幼儿在户外自主游戏时，便开始使用这些手绢花和花扇，其中几个幼儿谈论道："看，这个是手绢花，转起来像一朵花，很漂亮！""我觉得彩调表演好有趣，可是到底要怎么演呢？""我也想像电视上的演员一样转起漂亮的手绢花！"

彩调是宜州的地方传统戏剧，也是国家级非物质文化遗产之一，具有深厚的历史底蕴和文化价值。为激发幼儿对宜州民俗文化的兴趣，老师结合《幼儿园教育指导纲要（试行）》精神，利用幼儿天生所具有的艺术家潜质，及其对音乐的表演热情，带领幼儿踏上探索彩调的旅程。

# 二、课程故事实施

## （一）探索彩调

### 1. 认识彩调

为了充分激发幼儿对宜州彩调的兴趣，老师鼓励幼儿与父母共同参与，通过多种方式来认识彩调。其中，一些幼儿选择与父母一同参观文化博物馆，以直观的方式接触彩调；另一些幼儿则通过方便、快捷的网络视频获取彩调的相关信息；还有的幼儿是与父母一起近距离欣赏彩调戏曲，感受其独特的艺术魅力。

经过一系列的探索和学习，幼儿了解到，彩调是宜州地区独特的戏曲艺术形式，它以地区方言为基础，融合了歌唱、舞蹈等多种表演形式。在彩调剧中，有花旦、丑角、小生等丰富多样的角色设定。其中，《王三打鸟》中的《四门摘花》片段引起了幼儿的极大兴趣，他们对此表现出了浓厚的探索欲望。

> 慧慧："毛姑妹是花旦，因为她是年轻的女生。"
> 雪凌："那王三是小生，就是帅哥（青年男子）。"
> 阿洋："我最喜欢里面的毛姑妹，我还会唱'打开送啊门送呀子送花来呀啰喂！'"

幼儿通过多种方式了解彩调

幼儿通过多种方式了解彩调

幼儿绘制的彩调角色

### 2. 难转的手绢花

幼儿在探索过程中发现，手绢花是表演彩调的重要道具。当手绢花被巧妙地旋转展开时，它们就像盛开的花朵一样美丽，这引发了幼儿争相模仿和学习转手绢花。

然而，对于没有表演彩调经验的老师和幼儿来说，转手绢花是一项新的挑战。此外，彩调中的步法、转身等动作极具专业性，要将转手绢花与这些动作完美地结合在一起，难度更是可想而知。为了克服这个困难，老师向园所领导寻求帮助。园长非常热心地邀请了宜州彩调传承人唐金莲来园，教授幼儿一些简单的彩调动作。在唐奶奶的耐心指导下，幼儿学会了基本的转手绢花和花扇的技巧，以及一些最基础的身法和步法。

幼儿观看唐奶奶表演

终于到幼儿的练习时间，大家纷纷尝试转手绢花。然而，刚开始的时候，手绢花不是掉下来，就是在转动的过程中被卷成一团，无法像一朵花那样美丽地展开。

> 雪凌：“手绢花太大、太软了，不好转，把我的手都包起来了。”
>
> 阿洁：“如果手绢花硬一点儿就好了，太难转了。”
>
> 老师：“老师发现静颖把手绢花转开了，静颖愿意和我们分享一下你的方法吗？”
>
> 静颖：“要把食指放在手绢花的中间，然后转动手指，多多练习就好了，我奶奶会转手绢花，她每天都带着我一起练习。”

在静颖的"指点"和帮助下，越来越多的幼儿成功地将手绢花转开了。

幼儿跟唐奶奶一起学习彩调

幼儿练习转手绢花

## 教师思考：

《3-6岁儿童学习与发展指南》中提到"最大限度地支持和满足幼儿通过直接感知、实际操作和亲身体验获取经验的需要"，据此，老师鼓励幼儿多途径、多感官地了解彩调知识和学习彩调动作。在这个过程中，老师持续观察幼儿的活动，倾听他们的对话，并根据需要投放适宜的材料。同时邀请专家入园指导，及时给予幼儿支持。

幼儿的学习并不是孤立的，而是与家庭紧密相连的。因此，老师也鼓励幼儿和家长一起学习彩调，以促进家乡文化的传播。这不仅增加了老师与家长之间的沟通，也让幼儿在家庭环境中得到更多的支持和鼓励。

## （二）我们表演《四门摘花》啦

经过一段时间了解和欣赏一些优秀的彩调作品后，幼儿掌握了一些基本的彩调动作。慧慧提议大家一起来表演《四门摘花》这一曲目，得到了其他幼儿一致赞同。

老师提出一个引导性问题："演出需要准备什么呢？"

丰华："需要舞台，还有观众。"

阿洋："还需要表演服装。"

阿腾："还要有表演的道具和音乐。"

最后，幼儿决定分成三个小组进行准备工作：表演组、道具组和舞台组。表演组负责节目的排练和演出，道具组负责准备服装和道具，舞台组负责舞台的布置。每名幼儿根据自己的兴趣和长处选择加入其中一个小组。

幼儿商讨分组

### 1."乘风破浪"的表演组

### （1）谁来演

舞台组和道具组成员的人选已经尘埃落定，然而，表演组中谁将担任"毛姑妹"这一角色仍然未最终敲定，原来是因为有四位才华横溢的候选人在竞相角逐。为保证这场竞选的公平、公正，慧慧提出了一个建议——通过投票的方式选出最适合"毛姑妹"角色的人选。

为了竞选"毛姑妹"，四位小候选人都在积极准备，其中，两位幼儿选择转手绢花来作为竞演项目，而另外两位则选择了花扇。最终，静颖凭借其出色的表现和超高的人气，成功当选。

在成功当选后，静颖没有骄傲自满，她主动邀请落选的靖涵一起参与表演，同时，她还与善熙、久顺等幼儿组成了一个充满活力的表演团队。在大家的共同努力下，表演组顺利完成了组队任务。

**教师思考：**

静颖的举动让老师深感意外，她主动邀请落选的幼儿一起表演，这一行为充分展现了平时一直强调的"友谊第一，比赛第二"的精神。在这场竞选中，幼儿不仅提升了自己的自信心和表现力，还相互学习，共同成长。而其他的幼儿也受到了极大鼓舞，他们看到了同伴们努力拼搏的模样，从而激发了自己积极向上的精神。整个活动过程中，老师为幼儿提供了良好的环境和丰富的材料，营造出紧张且有序的竞选氛围。

这次竞选活动不仅让幼儿学会了如何展示自己的才艺，更让他们懂得了团队合作的重要性。在这个过程中，幼儿收获了友谊、自信和成长，为他们今后的学习和生活奠定了基础。

幼儿竞选角色现场

### （2）动作创编

在之前的竞选过程中，静颖凭借着出色的表现赢得了大家的信任，被推选为小组长。在区域游戏环节，静颖、靖涵和阿洋三名幼儿换上了民族服装和头饰，在老师的指导下，正在进行舞蹈动作的编排。静颖充分发挥了作为小组长的领导力，带领着其他幼儿共同探讨舞蹈动作的设计。他们充满热情地投入舞蹈创作中，相互学习，相互评价。

静颖、靖涵和阿洋三名幼儿在舞蹈创编的过程中，充分发挥了团队协作精神。经过充分的讨论，他们最终确定所有队员均从左边出场，通过上下交替、转圈交换位置等方式，呈现丰富多样的舞蹈队形。

为了确保舞蹈表演的顺利进行，他们还精心设计了一系列表演动作，如转手绢花、走十字步、定点亮相等。这些动作不仅简单易学，还能够充分展示出幼儿的表演力和活力。为了让所有队员都能熟练掌握这些舞蹈动作，他们将舞蹈动作画了下来，方便大家学习和参考。

幼儿的队形记录

**教师思考：**

这次舞蹈创编活动，不仅锻炼了幼儿的团队协作能力，还提升了他们的艺术素养和创造力。在这个过程中，幼儿不仅学会了如何将自己的想法有效地与他人分享，还学会了如何在实践中不断改进和完善自己的作品，这对于他们今后的学习、与他人交往具有非常重要的意义。

**（3）初次排练**

表演组的八名幼儿在音体室进行了第一次练习。练习后，善熙疑惑地说道："我们的动作都是一样的，但是大家看的《四门摘花》中，男女动作是不一样的。"静颖愣了愣，自责地告诉大家："我忘记设计男孩子的动作啦！"这个小插曲导致排练暂时陷入僵局。

可是大家很快想到了解决办法，他们决定跟随视频学习男女角色的不同动作。于是，男孩和女孩分开练习，各自学习和掌握自己的部分。几天后，他们尝试配合排练，这一次，男女角色的动作能顺利地配合在一起了。

**（4）从"乱舞"到"共舞"**

在解决了男孩、女孩的动作问题后，表演组的幼儿在排练中又遇到了新的问题。正当大家跟着音乐跳得起劲时，静颖好像突然察觉到某种情况，毫不犹豫地将音乐暂停了下来，原来是静颖发现有几位组员在舞蹈动作上出现了一些不协调的地方，这可能会影响到整个表演的效果。

> 阿洋："哎呀，太乱了吧，大家的动作都不一样！"
>
> 静颖："动作和音乐搭不上。"
>
> 慧慧："可以像老师教我们做早操一样，我们数着节拍来跳。"

幼儿都觉得慧慧提出的这个办法非常好，于是大家开始一边数着节拍，

一边跳舞。在这种方式的"辅助"下，大家的舞蹈动作变得整齐、协调。于是，幼儿打开音乐再次排练，可是刚刚动作不整齐的问题还是没有得到解决。

---

静颖："跟着音乐跳，没有拍子，我们又乱了，沈老师你来帮我们数一下节拍可以吗？"

老师欣然应允："当然可以，可是表演的时候老师就不能帮你们数节拍了，因为表演时音乐声太大，我喊节拍，你们会听不到。"幼儿听了老师的话，陷入了沉思。顺着幼儿的思路，老师给了他们一些提示："妇女节的时候，我们一起录祝福手势舞，你们还记得老师是怎么将音乐和动作和在一起的吗？"

阿洁："哦！我知道啦，边唱边记动作，每一句歌词都有对应的动作。"

静颖："对呀，我们可以一边唱一边跳。"

---

于是，幼儿开始尝试边唱歌边跳舞，唱一句歌词对应一个动作。通过这个方法，他们的动作逐渐变得整齐起来。大家也意识到，这个方法对于舞蹈动作的记忆非常有效，决定以后都用这个办法进行排练。

通过一段时间的练习，幼儿的动作从最初的手忙脚乱逐渐变得协调统一。

幼儿一起排练和编排动作

（5）"C 位"之战

节目逐渐成形，静颖兴奋地提议："我们一起到外面去演一演吧！"随着音乐响起，幻儿便热情地投入表演中。然而，在"建筑工地"（园所一处区域活动空间）演出时，由于场地变小，出现了拥挤的情况。

面对这种情况，幼儿意识到他们需要重新调整队形和动作，以适应更小的空间。于是，他们开始尝试各种方法，如改变站位、调整动作幅度等，以便在有限的空间里更好地展示他们的节目。

> 静颖："我们还是分两排吧！这样太挤了，跳不了！"
>
> 阿洁："我要站第一排！我个子小，站后面，观众就看不到我。"
>
> 幼儿围绕站位的问题争论不休。
>
> 阿洋："那我们就来比一比，看看谁跳得好，谁就站第一排，我们请老师当评委。"

阿洋的话得到了大家的赞同。

幼儿重新回到音体室开始跳舞，老师拿出手机录像，帮助记录大家的舞蹈情况。

在观看了录像之后，幼儿纷纷表达了自己的看法。经过一番讨论，大家一致同意：跳得最好的静颖、善熙、雪凌和久顺站在第一排，因为他们的舞蹈动作准确、优美，能为整个节目增色不少；其他四名幼儿虽然也表现得很出色，但由于空间原因被安排站在第二排，与第一排的幼儿保持一定的距离。这样的安排既能让每个参演的幼儿都有机会展示自己，又能确保整个节目的观赏性。

### 2. 有条不紊的舞台设计组

舞台设计组的幼儿也干劲十足地投入舞台设计的工作中。他们拿着笔

和纸，在园所里寻找合适的地点，并将那些适合表演的地方一一画下来。经过一番"考察"，他们最终决定将"建筑工地"作为此次表演的场地。

在讨论舞台设计方案的过程中，舞台设计组的幼儿充分发挥自己的想象力和创造力，提出了许多有趣的建议。经过反复推敲和修改，大家最终确定了舞台设计方案，并着手搭建舞台。

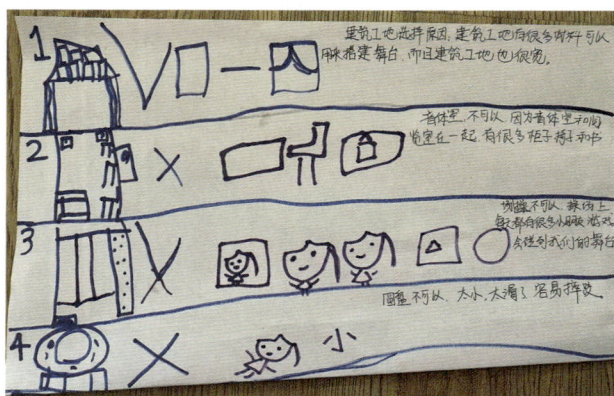

幼儿舞台调查表

幼儿画的舞台设计图

### （1）第一次搭建

在第一次搭建过程中，幼儿使用不同大小的积木进行搭建。然而，当他们搭建到第三层时，他们发现中间留空的位置太窄了，以至于无法放下小积木。经过仔细检查，幼儿发现，原因是已搭建的积木与后面放上的积木之间留有过大的空间。

### （2）第二次搭建

有了第一次的失败经验，幼儿开始有计划地进行第二次的搭建。他们将第一排到第三排的大积木从左到右依次搭建起来。然而，当他们搭建到第五层时，发现积木这次搭得太高了。这时，子枫提出了一个好主意："我们可以用这个积木搭成楼梯，然后踩上去继续搭建。"

### （3）搭建成功

老师坐在超大体育垫上，对幼儿说："如果你们搭建累了，可以先坐到垫子上休息一下，再继续讨论。"

幼儿听后，纷纷爬上了垫子并坐下来。可屁股还没坐热，久顺说："这个垫子又大又稳，好适合我们的舞台！"其他幼儿一听，跳下垫子，开始一起合计。随后，大家一起将垫子竖起来，拿来另一块相同的垫子往上垫。不一会儿，一个大型的舞台就搭建好了。这时，久顺用手尝试推了一下，发现有点儿晃动。于是，大家又合力用安吉箱和空心积木固定好垫子，让其不再晃动。

接下来，幼儿拿来了彩色幕布、气球等装饰物开始装饰舞台。舞台在他们的细心"装扮"下，变得更加漂亮了。经过大家的共同努力，舞台的布置终于完成了！

### 3. 来看表演吧

幼儿提出制作邀请函和宣传海报，以吸引更多的人来观看这一次的表演。他们决定先制作邀请函，然后将其发放给亲朋好友、老师和其他同伴。

幼儿一起讨论并确定了邀请函的内容和设计。

卓瑾:"邀请函上需要有表演时间。"

欢洋:"还要有地点和曲目。"

久顺:"还要有邀请人。"

汝欣:"邀请函和海报上的内容都是一样的吧!"

老师:"对！邀请函和海报上都要有时间、地点、演出内容和邀请人。"

讨论后,幼儿开始着手制作邀请函。他们找来了彩纸、剪刀、胶水等材料,并利用各式各样的彩纸剪出漂亮的装饰物。他们将邀请函折叠成合适的大小,并在上面写上具体的信息,签上自己的名字。

完成邀请函的制作后,幼儿开始制作此次表演的宣传海报。他们首先找来了海报纸、彩色笔、贴纸等材料,并接着着手对整张海报进行设计以及内容的确定。最后他们决定在海报上用鲜艳的颜色和大号字体突出表演的主题和亮点,同时加入一些吸引眼球的插图。

制作完成后,幼儿非常兴奋地将邀请函送给了园领导和老师。同时,幼儿还将海报张贴在园所门口,以吸引更多的人来观看他们的表演。

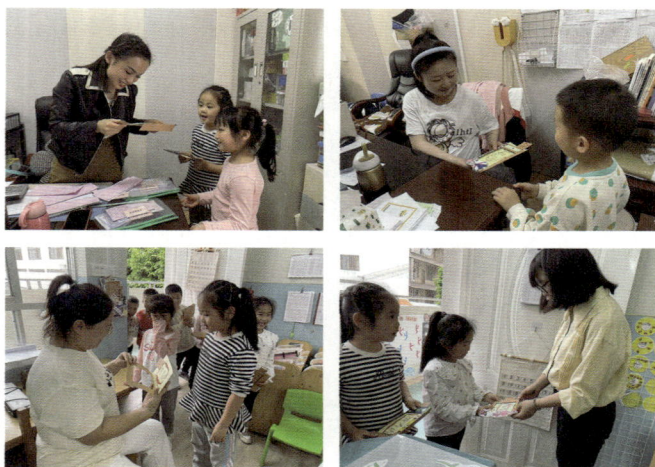

幼儿给园领导和老师送上邀请函

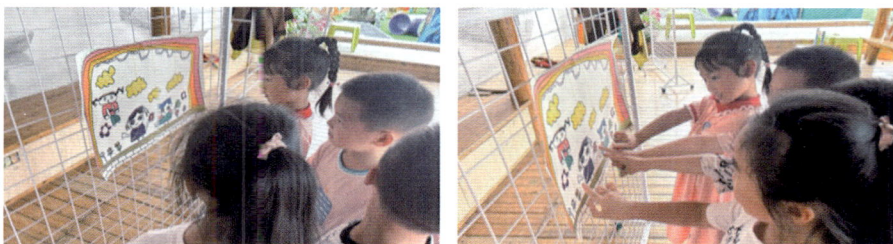

其他幼儿观看演出海报

## 教师思考：

每个小组的幼儿都在为即将到来的演出做着精心的准备。经过与同伴之间的沟通交流和老师的及时引导，他们成功地解决了在准备工作中遇到的问题。

当幼儿向老师寻求帮助时，老师鼓励他们根据已有的经验，自主思考并找出解决办法。这种以幼儿为主体的教育方式，老师在一旁适当引导，能让幼儿更积极主动且专注地投入活动中。

在接下来的活动中，老师继续以观察者和支持者的角色，静静地支持和等待幼儿的成长和进步。

### 4. 表演进行时

经过一个月紧张而有序的排练，彩调节目《四门摘花》终于准备好了。与此同时，小舞台的布置也已经完成，正等待着这场精彩的演出。

活动开始前，小演员们纷纷换上了具有浓郁民族特色的服饰，为即将开始的表演做好准备。而观众也早早地来到座位上，满怀期待地等待着这场视觉与听觉的盛宴。

随着音乐的响起，幼儿齐声高歌，跟随着旋律在舞台上挥洒自如。美丽

正式演出时刻

的舞台、精彩纷呈的表演，赢得了在场老师和幼儿的一致赞誉。

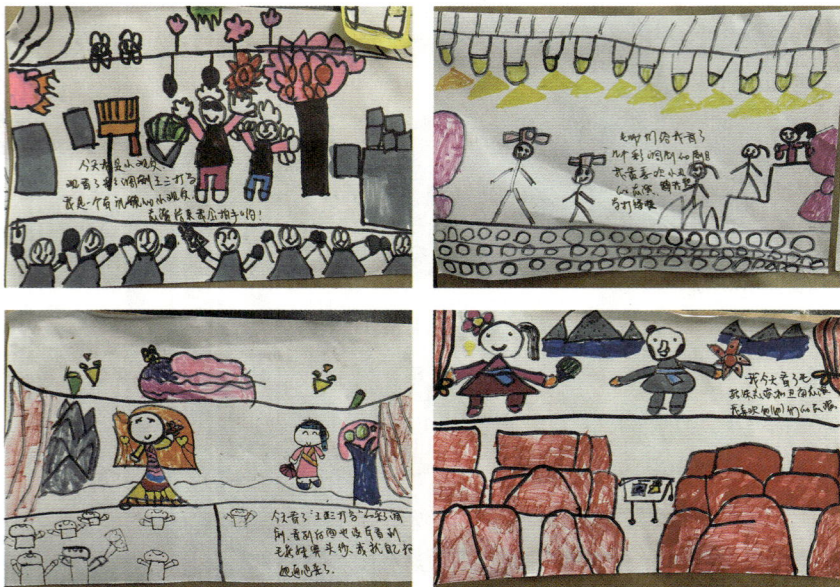

幼儿的收获

# 三、课程反思与收获

## （一）幼儿的收获

### 1. 丰富了文化体验

在此主题活动的推进过程中，幼儿通过实地考察、深入调查和协同创新的方式，多角度、多感官地探索世界。在这些环节中，幼儿获得了最直接、最生动的体验，积累了丰富的经验。

在此基础上，老师鼓励幼儿通过绘画创作、手工制作以及表演节目等多种方式，表达他们对彩调艺术的理解和感悟，从而巩固并深化他们的学习成效。这不仅能够提升幼儿的艺术素养，还能够培养他们的创新思维和团队协作能力。

### 2. 激发了热爱家乡的情感

在接触、排练和表演彩调节目等一系列活动中，幼儿充满了探索的热情，这种情感深深地烙印在他们的心中。随着活动的不断推进，他们与家乡宜州的情感纽带在自然地建立且不断地加强。

### 3. 发展了幼儿的学习品质

在整个活动过程中，幼儿能够独立思考问题，提出自己的想法和建议，积极寻求解决问题的办法，并且主动参与到活动的各个环节中。

此外，幼儿还通过共同讨论协商的方式，懂得了团队合作的重要性。他们学会了倾听他人的意见，尊重不同的观点，并且能够与他人合作解决问题。他们还懂得根据自己的长处分工合作，充分发挥每个人的优势，达到更好的效果。

## （二）老师的收获

### 1. 幼儿观、课程观的转变

这次主题活动，让老师深刻地领悟到，幼儿不仅是有能力的学习者，更是主动的学习者。通过合作取得的成功表演体验，幼儿的自信心得到了极大的提升。在这个过程中，老师学会了适时地放手，扮演好参与者和合作者的角色，为幼儿提供必要的帮助和支持。

老师为幼儿提供了充足的时间、丰富的材料以及专家的支持，鼓励他们与同伴分工合作、分享交流。同时，老师将幼儿活动过程记录下来，作为推动深入研究幼儿的材料。

### 2. 课程资源的利用

在幼儿进行持续观察的过程中，老师发现他们对彩调的兴趣愈发浓厚。为了让幼儿更好地了解和学习彩调，老师开始积极查找相关资料，并充分利用本地丰富的资源——刘三姐文化传承中心、刘三姐文化博物馆、流河寨、市民文化广场、四牌楼等。作为本地优秀的传统艺术，彩调具有

极高的艺术价值和传承价值。课程资源原来就在我们身边。

### 3.班本化主题活动的践行

在此次主题活动中，老师以幼儿的兴趣为主导，充分挖掘和整理各种资源。在活动前期，老师进行了大量的教研活动，为幼儿留出充足的自主学习空间。实践证明，幼儿的确是有能力的学习者，幼儿的表现确实给老师带来了许多惊喜。

为了丰富幼儿的学习体验，老师与文化馆进行沟通，邀请了专家入园，带领幼儿到文化馆观看表演。同时，还及时提供了道具、服装、音乐等各种材料来作为支持，成为幼儿学习的坚强后盾。老师始终坚信，站在幼儿身后，让他们成为主动的学习者，才能让他们在快乐学习中不断成长。通过这次活动，老师希望能够让更多的孩子感受到彩调艺术的魅力，激发他们对传统文化的热爱之情和传承意识。

❖❖❖ 作者简介 ❖❖❖

沈羽，中小学二级教师，曾获2021年河池市宜州区教育系统"优秀教师"称号，获2022年校园中华经典诗文集体朗诵一等奖。

何燕，中小学一级教师，参与"多元联动模式下刘三姐文化童趣体验课程的开发与实践"等几项课题，曾获2023年河池市宜州区教育系统"优秀教师"称号。

# 什么结籽高又高

文 / 张代丽　刘芳杰

## 一、课程故事起源：

随着"广西三月三"临近，为营造出浓厚的节日氛围，园所在幼儿每天早晨入园的时刻，循环播放着极具地方特色的山歌。班级里，沛沛低声哼唱着，乐乐和果果也忍不住跟着哼唱了起来。慢慢地，这种山歌小调在盥洗室、走廊、表演区等各个角落回荡起来，关于"刘三姐"的话题也在幼儿间悄然开始了……

乐乐："我奶奶也会唱山歌，但我不知道刘三姐是谁，也不知道她现在在哪里。"

杨洋："我爸爸带我去过刘三姐音乐喷泉广场散步，那里有刘三姐的雕像，很多人在那里唱刘三姐的歌。"

霁桓："那只是刘三姐的雕像，在哪里可以见到真的刘三姐呢？"

**教师思考：**

幼儿在山歌中发现了"刘三姐"，这激发了他们的浓厚兴趣，也促使老师的思考：尽管幼儿生活在刘三姐的故乡——宜州，且从小就对山歌有着深厚的接触和了解，但他们对壮家歌仙"刘三姐"的了解却很有限。那么，应该如何以更恰当的方式让幼儿更好地了解这位家喻户晓的宜州人物，让幼儿能学会唱并喜欢唱她的歌曲呢？

通过电影《刘三姐》，或许可以让幼儿直观地认识刘三姐这个人物，从而进一步感受、了解刘三姐的故事和她的歌。

# 二、课程故事实施

## （一）初探：认识刘三姐

### 1. 谁是刘三姐

幼儿认识刘三姐

乐乐："我在电视里看到过刘三姐，她在唱山歌！"

可乐："刘三姐很漂亮，唱歌很好听。"

鸿宏："我爷爷说刘三姐是宜州人。"

坤坤："刘三姐爱唱山歌，她的家乡有河，她喜欢在河边唱歌。"

幼儿经过热烈的讨论后，老师请他们用画笔记录下自己对刘三姐的初印象。

幼儿对刘三姐的初印象

## 2. 观看电影《刘三姐》

幼儿观看电影《刘三姐》

坤坤："噢！我知道了，刘三姐是很久以前唱山歌的人。"

子熙："刘三姐在柳州坐着仙鱼飞到天上成歌仙了，所以现在大家'三月三'唱山歌。"

彤潼："我们上小班的时候也有'三月三'，我们吃了个圆圆的簸箕宴。"

可乐："'三月三'唱歌的时候会戴好看的帽子。"

想想："他们跳舞时敲的圆圆的东西是什么？"

老师："那个圆圆的东西是铜鼓，壮族'三月三'，人们对唱山歌都会穿上壮族服装，戴壮族帽子。"

好好："我见过铜鼓，铜鼓很漂亮！"

观看完电影，谈话活动结束后，幼儿在区域活动中画出了自己喜欢的壮族铜鼓和服饰。

幼儿画铜鼓及服饰

**教师思考:**

在每个幼儿的内心深处，都潜藏着一颗感知美的种子。根据《3-6岁儿童学习与发展指南》的建议，老师应"创造条件让幼儿接触多种艺术形式和作品"，如"带幼儿观看或共同参与传统民间艺术和地方民俗文化活动"。因此，老师采取了"讨论"与"观看视频"相结合的方式，帮助幼儿更深入地了解刘三姐及其具有代表性的山歌。

同时，老师也积极鼓励幼儿参与到主题墙的创设中来。通过绘画创作以及手工制作等方式，幼儿将"刘三姐"的形象塑造得惟妙惟肖。这样的过程，从抽象到具象，不仅丰富了幼儿的认知经验，也让幼儿在实践中感受到艺术的魅力。

幼儿讨论刘三姐

幼儿用黏土塑造自己心目中的刘三姐

## （二）再探：与山歌"亲密接触"

### 1.亲子调查表

广西壮族自治区河池市宜州区，被誉为广西山歌的发源地，同时也是壮族"歌仙"刘三姐的故乡。在这里，很多长辈都能娴熟地唱出一首首山歌，公园里也常常回荡着悠扬的歌声。

为了让幼儿对山歌有更深入的感知和理解，老师积极调动家长的力量，鼓励家长给幼儿推荐或者演绎自己熟悉的山歌；鼓励幼儿通过绘画的方式，将他们对山歌的理解和感受表现出来。此外，老师还设计了一份亲子调查表，让家长和幼儿共同参与其中，进而增加家长、幼儿对山歌的了解和喜爱。

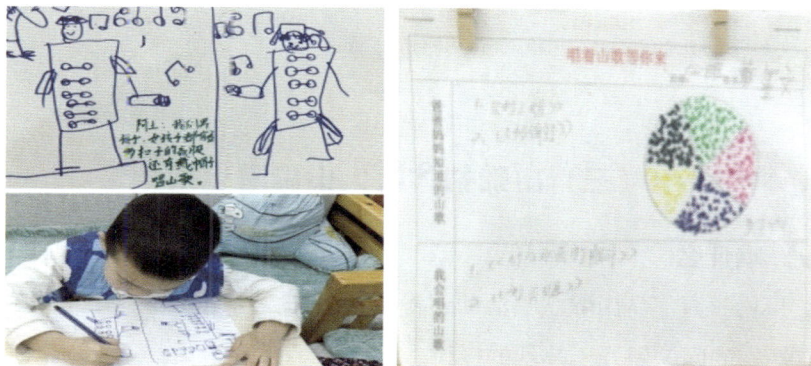

亲子调查表

## 2. 社会实践

老师推荐家长在空余时间带领幼儿前往流河寨、中山公园、刘三姐文化博物馆等进行实地探究，聆听更加原始的山歌，近距离地感受山歌所具有的独特魅力。

家长带幼儿来到流河寨

### 教师思考：

《3-6岁儿童学习与发展指南》指出，要"创造条件让幼儿接触多种艺术形式和作品"，如"经常让幼儿接触适宜的、各种形式的音乐作品，丰富幼儿对音乐的感受和体验"。幼儿只有在充分感受与欣赏的基础上，方可进行表现与创造。因此，这一系列探究"山歌"的社会实践活动，能有效加深幼儿的认知，也推动了主题活动的进行。

# （三）山歌初体验：山歌唱起来

## 1. 唱什么

"广西三月三"山歌欢唱活动即将拉开帷幕，幼儿围绕"我们应该演唱哪首歌？"的问题展开了热烈的探讨。

沛沛："唱《小小刘三姐》吧！"

鸿宏："我想唱‘嘿嘹嘹啰’！"

欣伶："是这样唱的，‘什么结籽高又高咧，嘿嘹嘹啰’。"

好好："我想唱《尖尖尖上天》。"

想想："我想唱《什么结籽高又高》！"

霁桓："你们这也想唱，那也想唱，怎么办？"

丽丽灵机一动，说："我们可以投票呀！"

于是，在投票活动中，每名幼儿郑重其事地投出了自己宝贵的一票。最终，山歌《什么结籽高又高》以其独特的魅力和优势，获得了这场投票的最高票数。

投票现场及投票结果

## 2. 怎么唱

歌曲选好了，怎么唱呢？幼儿又开始了新一轮的讨论。

天天："可以让老师教我们唱。"

蔡蔡："我奶奶会唱，在家里，大家都听她唱。"

灏琯："那天食堂姨妈给我们送饭的时候，她就在唱刘三姐的歌咧！"

乐乐："把她请到教室来教我们唱。"

子西："我妈妈是音乐老师，她会唱歌又会弹琴。我外婆还会这样念‘虫虫飞，飞到婆家专米堆，婆婆拿棍打（宜州话）'。"

经过讨论，大家决定邀请蔡蔡奶奶和被大家亲切地称为"幼儿园歌王"的罗桂荣老师，来教大家唱山歌，再邀请子西妈妈帮大家弹琴伴奏。所有幼儿的表演服装则由家长帮忙准备。

"幼儿园歌王"教幼儿唱山歌

### 3. 怎么排练

在区域活动时间，幼儿自发地聚集到表演区，开始练唱山歌。为了丰富表演形式，在老师的指导下，他们还增加了分组对唱的环节。每个人都跃跃欲试，对正式演出充满了期待。

幼儿练习唱山歌

### 4. 演出进行时

经过充分的准备，幼儿终于迎来了他们期待已久的演出。观众早早地来到了剧场，为小演员们欢呼鼓掌。幼儿兴奋地站在舞台上，既紧张又期待地看着台下的观众。

随着音乐响起，幼儿开始了表演。他们嘹亮动人的歌声深深地吸引了观众，现场不时发出阵阵掌声和喝彩声。

在演出过程中，幼儿克服了紧张情绪，全身心地投入表演中。他们用自己的努力和汗水，向观众展示了他们对宜州刘三姐文化的热爱和对艺术的追求。

演出结束后，幼儿依依不舍地离开了舞台。他们知道，这次演出不仅是对他们辛勤付出的肯定，更是对他们未来的鼓舞和激励。他们将继续努力传承和发扬宜州的民俗艺术，为家乡宜州的文化繁荣发展贡献自己的力量。

幼儿唱山歌《什么结籽高又高》

**教师思考：**

幼儿是充满潜力的学习者，老师应该充分相信他们的学习能力。在这个环节中，老师将学习自主权交由幼儿自行掌控。老师只在适当的时机提出问题引发幼儿的讨论。对于其他的问题，如选择何种歌曲、如何演唱及排练等，老师都鼓励幼儿大胆地做出决定。在这一系列发现问题和解决问题的过程中，幼儿逐渐成长为学习活动的主人，而老师则扮演着幼儿隐形伙伴的角色，默默地推动他们的进步。

## （四）山歌再体验：大胆仿编

"广西三月三"山歌欢唱活动的落幕，并未带走幼儿对山歌的喜爱之情。相反，这份喜爱在他们的心中愈发炽热。在分享自己参与活动的感受时，幼儿的脸上洋溢着满足和喜悦。当老师提出每个人都可以试试创编山歌时，幼儿对山歌的兴趣与热情被再次激发。于是，一场关于创编山歌的讨论在幼儿中间展开。

### 1. 讨论一：什么结籽高又高

> 禾苗："我们唱'高粱'时，我把手伸得这么长！"说着，禾苗将双手高高举起，比画起来。
>
> 好好："园长妈妈办公室门口的树也好高。"
>
> 阿宝："我们住的楼房也很高。"
>
> 老师："那怎么唱，谁愿意试试？"
>
> 阿宝："什么结籽高又高咧，嘿嘹嘹啰，高楼结籽高又高。"
>
> 泽泽："高楼怎么结籽？哈哈哈……"
>
> 欢洋："大树可以。"
>
> 子熙："看榕树爷爷结籽，就在很高的枝叶上。"

小组讨论创编山歌

幼儿讨论后把想法画下来

## 2. 讨论二:"走路"怎么编山歌

除了以"结籽"为主题进行编歌,还可以用什么创编山歌呢?

幼儿思考了许久,好像被难住了。这时,老师特意做出"走路"的动作来提示。

泽宇:"我知道,走路。"

伊伊:"我们是双脚走路,小兔是跳着走。"

乐乐哼唱着:"小兔走路蹦蹦跳跳。"

潼潼:"什么走路蹦蹦跳咧?兔子走路蹦蹦跳。"

阿宝:"我也会!什么走路摇摇摆咧,嘿嚓嚓啰,小鸭走路摇摇摆,嘿嚓嚓啰。"

岚岚:"那小马怎么走啊?"

睿睿:"哒哒响。"

岚岚:"我来问,你来答吧。什么走路哒哒响咧,嘿嚓嚓啰。"

睿睿:"小马走路哒哒响,嘿嚓嚓啰。"

幼儿用画笔记录自编的山歌

111

### 3. 讨论三:"打开"怎么编山歌

老师:"小小刘三姐们与小小阿牛哥们,用'打开'两个字怎么编歌曲呢?"

晋晋:"电视打开有奥特曼,好好看。"

紫霄:"灯泡打开亮亮的。"

妍妍:"空调打开凉又凉。"

子熙:"我会编,什么打开冰又冰咧?嘿嘹嘹啰!冰箱打开冰又冰。"

宇星:"我也会,什么打开香又香咧?嘿嘹嘹啰!海苔打开香又香咧,嘿嘹嘹啰。"

辰辰:"什么打开呼呼响嘞?嘿嘹嘹啰!风扇打开呼呼响嘞。"

幼儿创编山歌的热情高涨,思路也愈加开阔,大家你一句我一言,你问我答,不亦乐乎。

幼儿用绘画表现山歌

**教师思考:**

大家都深知"幼儿在前,老师在后"这一理念,但在尊重幼儿主体地位的同时,也要适时发挥老师的引导作用。在幼儿需要成人帮助时,要及时引导他们,给予温暖,保护其求知欲与好奇心,为他们创设了一个宽松的环境。因此,老师鼓励幼儿以身边熟悉的物品、动植物等为基本媒介去尝试创编山歌,进而根据歌词创编简单的动作。老师和幼儿用多种形式将创编的过程记录下来,巩固幼儿对创编山歌的经验。

# （五）山歌对歌台

## 1. 讨论一：用什么搭建对歌台

在创编山歌的活动中，幼儿的参与热情被极大地调动起来，他们纷纷表示要亲手搭建一个对歌台，并在对歌台上演唱自己创编的山歌。

随即，幼儿围绕对歌台的搭建材料展开了热烈的讨论。刚开始，有人建议使用操场上的泡沫积木、安吉箱等进行搭建。然而，在后续的探讨中，这个方案被否定了，原因是泡沫积木过于柔软，无法支撑起对歌台；而安吉箱的高度过高，不符合对歌台的标准；独木的稳定性不足，难以保证对歌台的安全。经过多次讨论，大家决定：用空心积木在园内的"建筑工地"内搭建对歌台。

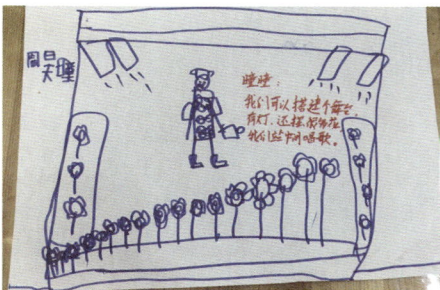

瞳瞳的对歌台搭建计划

制定各小组的分工计划后，霁桓迅速行动起来，他从一旁取来一堆长方形的积木，然后认真地将它们平铺在地面上。泽泽带来了圆柱形积木和空心大积木，便立刻开始了搭建工作。大家各司其职，配合默契。短短的一段时间内，他们就成功地搭建出一个精致的对歌台。这时，阿宝却说了一声："我们搭的这个对歌台有点儿矮。我记得表演的对歌台是很高的。"

## 2. 讨论二：怎么搭建高高的对歌台

老师肯定了阿宝的观点："对，表演的对歌台是高高的。"

霁桓："可是……，可是我不会搭建高的对歌台。"

泽泽："可以把这个圆形积木放上去。"

随后，他们三人开始将圆形积木稳稳地立于地上，紧接着用长方形积木巧妙地连接起来。经过他们的精心布置，一个独特的舞台便呈现在眼前。

力扬说："呀，我发现没有门，我去搭个门。"接着力扬拿来两块长长的长方形积木，将其斜放当作门，然后兴奋地对霁桓说："对歌台已经搭建好了，我们一起去唱歌吧！"可就在幼儿刚刚踏上对歌台的瞬间，积木却意外地倒塌了。

搭建对歌台　　　　　　　　　幼儿上台唱歌

## 3. 讨论三：怎么搭建稳稳的对歌台

霁桓："对歌台倒了，怎么办？"

老师："你们先想想用什么办法可以让对歌台更稳定？"

泽泽："我知道了，要多放积木。"

力扬："不对，不能放圆形积木，圆形积木会滚动，要放这种长方形的。"

随后，幼儿将对歌台进行了二次改造。

> 霁桓："要在对歌台上放一些积木，站上舞台才不会倒，阿宝我们去拿积木。"
>
> 力扬："对歌台有楼梯的，我去拿积木，1、2、3、4……搭三层楼梯就可以了。"

第二次搭建对歌台

对歌台搭建完毕，幼儿终于可以在自己搭建的对歌台上一展歌喉了。这时，只见力扬若有所思地说道："我们还需要话筒！"然后他找来了一长一短的两个圆柱形积木当话筒。幼儿终于可以对唱山歌啦！

> 霁桓："什么结籽高又高嘞，嘿嘹嘹啰！"
>
> 禾禾："我要唱《小小刘三姐》，我是小小刘三姐嘞……"
>
> 阿宝："嘿嘹嘹啰！"

**教师思考：**

在这一个环节中，即使会犯错，幼儿仍不断地去尝试，且会自我反思，让老师深感惊讶。这无疑也证明了，幼儿是具有强大学习能力的个体。只要老师愿意放手让他们去探索，他们就会回馈更多的惊喜。

幼儿在第二次搭好的对歌台上进行山歌对唱

# 三、课程反思与收获

## （一）老师的收获

宜州素有"歌海宜州"之美誉，而壮族山歌也日渐成为宜州的文化特色之一。老师以幼儿的兴趣为出发点，将刘三姐及壮族山歌融入幼儿的生活与学习中，注重幼儿的体验过程，让幼儿深刻认识到，壮族的山歌是大家的骄傲，是民族文化的重要组成部分，需要大家继承、发扬和保护。

当然，在主题活动的开展过程中，老师也会遇到困惑。例如，虽对歌曲《什么结籽高又高》《山歌好比春江水》耳熟能详，但对宜州本地的山歌调式却不甚了解。因此，在教学有关山歌专业知识时，遇到了瓶颈。幸运的是，园所领导及时给予帮助，为大家请来了广西"山歌王"——谢庆良先生。在"山歌王"的指导下，大家了解到宜州本地山歌的专业知识。

老师把从"山歌王"处所学的相关知识整合后，以"音乐欣赏"的方式传授给幼儿，为其"表达与创作"做好准备，此外老师还与家长分享幼儿参与活动的精彩瞬间。家长对本活动的认可和支持，也激励老师更好地开展工作。

在民族文化的传承中，作为教育者，老师要积极发挥好纽带的作用，积极在幼儿心中播撒山歌的"种子"，让其"生根发芽"，为幼儿将来成为民族文化的接班人与传承者奠定基础。在主题活动实施过程中，老师给予幼儿更多试错的机会，鼓励其大胆尝试，自主讨论以及解决问题。幼儿在成长，老师也在进步。

## （二）幼儿的收获

园所坐落于宜州老街，这片区域蕴藏着丰富的山歌文化资源。虽然从幼儿入园之初，幼儿便开始接触这一独特的艺术，但对于他们来说，"刘三姐"这个传说中的人物仍然显得有些抽象。为了帮助幼儿更好地认识山歌及刘三姐，老师开展了此主题活动。通过这次活动，幼儿对山歌文化有了更深入的了解，也更加熟悉刘三姐。

在活动中，幼儿不仅锻炼了动手能力，还在饭后闲暇之余能够随口哼唱山歌，编唱能力日益提高，自信心也随之增强。

在搭建表演舞台的过程中，幼儿学会了与他人合作，独立思考，还学会了如何解决问题，这无疑提升了他们的综合能力。在山歌文化的浸润与洗礼下，幼儿在体验与操作中感受到山歌文化的魅力，从而增强了民族自豪感和文化自信心。令人欣喜的是，一批民族文化传承者正在茁壮成长。

## （三）家长的反馈

凡凡爸爸表示："我们觉得举办这样的活动很有意义，让孩子们更好地了解本民族的优秀文化，希望能经常开展，把壮乡文化发扬光大。"

欣欣妈妈表示："园所开展的'唱着山歌等你来'一系列的主题教育，我们非常认可。宜州是刘三姐的故乡，山歌文化历史悠久，园所以'山歌文化'为纽带，让孩子们在潜移默化中接触更深层次的民族文化，这对孩子们传承民族传统文化很有帮助。"

璨璨妈妈表示：'老师给孩子们讲解了山歌的由来、山歌的表达方式并开展'广西三月三'对歌活动，孩子现在越来越爱唱山歌，表现力也越来

越棒了，我很欣慰。"

许多家长表达了他们的期待和愿望，那就是要继续与幼儿共唱山歌，让幼儿更深入地感受宜州山歌文化的独特魅力。家长希望通过这样的活动，让幼儿在亲身参与中体验到特色民族文化的伟大力量，深刻理解"三姐山歌人人唱，民族精神代代传"的深远含义。

## ►◄ 作者简介 ►◄

张代丽，中小学一级教师，曾获河池市南丹县"优秀班主任"、河池市宜州区教育系统"优秀班主任"荣誉称号；多次参加河池市幼儿园教师技能大赛，先后获得了一、二、三等奖；参加自治区幼儿园游戏案例比赛获二等奖。

刘芳杰，中小学二级教师，幼儿园青年骨干教师，多次荣获市级、县级教师朗诵比赛一等奖。

# 我扮抬阁顶马

文 / 麦小艳　韦晓婵

## 一、课程故事起源

抬阁顶马，宜州本地独有的传统民俗，每逢农历三月三及大年初一，宜州本地都会举行盛大的抬阁顶马巡游活动。

抬阁顶马的最大魅力之一在于幼儿是这一活动的主角。每座阁轿上都会有三至四名孩童，他们或坐或立，身着戏服，脸上涂抹着浓重的妆容，扮演着《三国演义》《红楼梦》《西游记》等经典故事中的角色。这些小演员们的精彩演绎，为抬阁顶马活动增色不少。

为了让幼儿更好地了解并体验这一宜州本地的民间风俗，园所特地结合"广西三月三"活动，邀请了民间艺人进校园，举办了一场别开生面的抬阁顶马游园活动。幼儿看到这些精彩的表演，表现出浓厚的兴趣，并由此展开一番讨论："老师，老师，这是什么表演呀？""我也想坐到抬阁上，感觉特别好玩。""他们的脸上是化了什么妆呢？""我们也想穿漂亮的衣服，化漂亮的妆，坐在阁轿上……"

为了追随幼儿对抬阁顶马的兴趣点，同时也期望他们能在实际的生活体验中深入感受并理解本地特有的民俗活动，一场以"抬阁顶马"为主题的课程活动便应运而生。

# 二、课程故事实施

## （一）认识抬阁顶马

　　老师带领幼儿通过欣赏图片、观看视频的形式，深入了解宜州本地的抬阁顶马巡演活动，让幼儿了解到抬阁顶马实际上是本地在庆祝节气和丰收时展示的一种独特民俗艺术形式。在此过程中，幼儿也接触到许多经典故事，如《八仙过海》《花木兰》《葫芦娃》等。在这些故事中，最令幼儿着迷的无疑是《葫芦娃》和《西游记》，这两个故事不仅富有趣味性，更为幼儿提供了丰富的想象空间。

　　秋琳："葫芦娃七兄弟，我最喜欢的就是水娃了。"

　　昱进："我喜欢《西游记》的故事，孙悟空很厉害也很勇敢。"

　　苗苗："我想扮演猪八戒，他有点儿肥肥的，特别可爱。"

　　钰喧："《西游记》里面的'三打白骨精'片段特别精彩，我们可以一起表演《西游记》里的这个片段。"

老师带幼儿了解经典故事《葫芦娃》　　幼儿通过多种方式了解抬阁顶马

　　除了在园所中的引导，老师也鼓励家长给幼儿讲述一些经典故事，以丰富他们的相关知识储备，达到家园共育的理念。在有条件的情况下，老师还建议家长带领幼儿走进社区，去观看那些记录着抬阁顶马活动的历史

照片，让幼儿更直观地了解抬阁顶马的相关知识，从而增强他们对传统文化的认知和理解。

## （二）筹备抬阁顶马

### 1. 确定扮演内容

经过前期的学习，幼儿已经沉浸在众多精彩绝伦的经典故事中，对抬阁顶马的一些道具和角色有了初步的认识。思棋充满热情地提议："让我们以抬阁顶马的形式来演绎《西游记》吧！"然而，钧星对此表示反对，他更想演绎葫芦娃的故事。顿时，教室里便充满了不同的声音，笑笑提出了一个公正公平的解决方案："不如我们就投票选择想要扮演的故事吧！"这个建议得到了大家的一致赞同。

经过投票环节，最终获得票数最多的故事是充满奇幻色彩和深刻寓意的《西游记》。

幼儿投票确定扮演的故事

作为中国四大名著之一，《西游记》因其丰富的故事内容和生动的角色形象，为大家提供了表演的多种可能性。然而，选择一个合适的片段并不容易，这需要考虑到每名幼儿的表演兴趣、能力和观众的接受程度等多

个因素。因此，幼儿并没有急于做出决定，在老师的指导下，大家先是仔细观看了老师推荐的《西游记》的备选片段，再积极地开展讨论，提出自己的看法和建议，最终决定选择"三打白骨精"这个片段。

幼儿讨论扮演《西游记》的片段

**教师思考：**

在这个环节中，幼儿遇到了两个挑战：首先，他们需要决定演绎哪一部经典故事；其次，他们需要确定选用哪个片段来进行扮演。这两个问题随着活动的深入自然而然地浮现出来。

对于第一个问题，笑笑提出了一个解决方案——通过投票的方式来决定。这种方式既公平又公正，让每名幼儿都有机会表达自己的想法。

面对第二个问题，幼儿展现出较强的主观能动性和独立思考的能力。他们不仅积极思考，而且能结合自己的实际情况来解决问题。这种自我驱动与解决问题的能力，对他们来说无疑是这一过程中的重要收获。

在整个过程中，幼儿也展现出较强的合作精神和协商能力。他们共同面对问题，共同寻找解决方案，这种团队协作的精神在他们的成长道路上也将起到积极的推动作用。

## 2. 竞选角色

想要演绎的内容已经确定好了，那演出需要准备什么呢？

城城："需要准备阁轿和服装。"

怀玉："需要扮演唐僧、孙悟空、猪八戒和沙僧要用的道具。"

梓涵："还需要化妆和音乐。"

讨论后，幼儿最终决定将所有"演职人员"分为两组：表演组和服装道具组。表演组的主要任务是筹备节目，而服装道具组则需要挑选和准备服装、道具。每名幼儿根据自己的兴趣和优势，开始积极地选择各自的分组或角色。

易芸："我想进表演组扮演唐僧，我觉得他的袈裟很漂亮，我想穿。"

施鸿："我也想进表演组演沙僧。"

笑笑："我想演孙悟空，我喜欢他的金箍棒，能变大变小，可厉害了。"

音瑛："我想进服装道具组，给他们设计衣服。"

梓涵："我也想进服装道具组，可以设计他们的道具。"

在晨间活动时段，老师为报名表演组的幼儿提供了一个独特的机会：通过竞选的方式选择自己心仪的角色。那些希望扮演角色的幼儿，需要走上舞台，用他们的表演才能去征服"评委"和"观众"。

在竞选环节中，梓萌凭借着精准模仿唐僧的表演赢得了大家的掌声；皓宇则以他神似老爷爷般稳健的步伐吸引了大家的目光；天杏和思良分别演绎了好动、活泼的孙悟空和滑稽、可爱的猪八戒，让在场的所有人都忍俊不禁。

　　许多幼儿都大胆地表现自我，积极争取能进入角色组。最终，天杏凭借其无人能敌的人气优势，成功当选为孙悟空的扮演者；梓萌则以其深情的演绎，被选为唐僧的扮演者；思良因其搞笑的表演，成为扮演猪八戒的最佳人选；思漫则以其稳重的表演，成为沙僧的不二人选。此外，他们还主动邀请香霓、皓宇、苗苗一起扮演白骨精化身成的一家三口。就这样，表演小组顺利地完成了组队工作。

幼儿模仿角色　　　　　　　　　　　　　幼儿竞选角色现场

## 教师思考：

　　《3-6岁儿童学习与发展指南》中指出："幼儿在活动过程中表现出的积极态度和良好行为倾向是终身学习与发展所必需的宝贵品质。"在这场竞选活动中，幼儿充分展示了自我，大胆地根据自身特长参与竞选表演。令人惊喜的是，成功胜出的幼儿并未独享荣誉，也主动邀请其他同伴共同表演，深化了幼儿之间的友谊，也展现了他们相互学习、相互影响的良好氛围。

## 3. 排练进行时

　　在首次排练时，表演组的成员们聚在一起，共同观看了《三打白骨精》的影片。他们细致观察人物的表情、动作以及台词，进而深入剖析自己所扮演的角色，以便更好地理解和塑造角色。明确了角色定位后，他们便投入紧张而充满激情的排练之中。

"师徒四人"首先设计出场动作，幼儿决定随着播放的出场音乐，一个接一个地走上舞台。妥下来，台词部分却成了难题。尽管老师耐心地教导，但幼儿仍然难以记住。反复练习后，幼儿的热情逐渐消退，排练陷入了困境。为了解决幼儿记台词的问题，大家开始共同探讨解决方案。

思漫："台词太长了，能不能把台词缩短些呢？"

思良："对呀，台词太长了，要念的台词太多了，我们都记不住。"

经过讨论，幼儿达成了共识：将部分台词进行精练。在这个过程中，老师也积极参与，帮助幼儿将台词改编成更适合幼儿理解与表达的语句。老师将改编后的台词分发给了表演小组的幼儿，让他们在家中自行练习。几天后，表演小组开始尝试他们的首次合作表演。在这一次排练中，幼儿基本上能念出自己的台词，可是又有新的问题出现了。

天杏："我们怎么排队形呢？现在我们一直都是站在同一个地方表演，电视里面似乎不是这样的。"

梓萌："我记得视频里面，角色是走来走去的。"

思良："那我们现在再来看一遍视频，看看我们应该站在什么位置吧！"

几名幼儿再一次观看了视频，他们一边看视频，一边商量着队形变化及每个角色的站位，并最后用画笔记录了下来。

幼儿的队形记录

幼儿又一次进行排练。这次，他们根据精心设计的队形图纸，尝试排列出各种队形，从第一个队形开始，一直到第四个。他们变换队形的同时还要记住台词，这对一些幼儿来说无疑是另一个挑战。

经过讨论，他们决定将整个节目划分为一段一段来进行表演，每一个片段都有对应的台词和队形，方便大家通过台词来掌握自己的站位变化。经过反复的练习，幼儿已经由最初的卡壳状态，逐渐能够流畅地进行表演。

幼儿练习站位　　　　　　　　　　幼儿根据台词记队形

**教师思考：**

幼儿的活动是一个持续且充满活力，并有着无尽变化和不确定性的过程。他们的每一句话、每一个动作都是他们已有经验、能力水平以及思考方式的直接反映。在表演过程中，幼儿展现出较好的自主性，他们能够主动地根据出现的问题做出相应的调整。在这个过程中，老师并未干预幼儿对调整排练方法的想法。作为老师，应该多倾听，多观察，深入了解幼儿的真实需求。在此基础上，通过对话、提供材料等多种方式，来支持幼儿进行更深入的思考和游戏。

### 4. 服装道具制作进行时

在表演组排练的同时，服装道具组也一直在行动，幼儿拿着笔和纸在教室里设计和讨论每个角色的服装及道具。

姿宇："我们可以用一根木棍来代替孙悟空的金箍棒，在木棍的外面涂上颜料或者用贴纸包起来就可以了。"

敬心："我们可以用纸壳来制作猪八戒的钉耙。"

昱进："我家有一串爸爸在街上买的珠子，可以拿来给唐僧戴。"

馨馨："那还有沙僧的道具，我们应该怎么制作呢？"

甲甲："我们没有布料，怎么设计他们的衣服呀？"

梓涵："可以用报纸或者塑料袋来制作他们的衣服吗？"

幼儿一起讨论制作服装道具时需要的材料

幼儿的脑袋里充满了无数的创意，这些想法多如繁星，使得他们一时之间无法确定方向。为了解决这个问题，大家决定再次进行分组，将目前的组员再细分为设计组和制作组。

设计组首先投入了工作，他们以绘画的形式，为表演组的所有成员精心设计了服装和道具。

设计组正在设计服装及道具

随后，制作组便开始着手服装道具的制作，但在制作的过程中，幼儿发现仅凭自己的力量去寻找材料和完成制作并非易事。于是，幼儿灵机一动，向老师、家长寻求帮助。得知幼儿想要亲手制作服装和道具，家长纷纷表示支持，并积极配合幼儿解决问题。家长和孩子一起收集了木棍及纸壳等材料，完成了道具的制作。然而道具准备好了，表演的服装怎么办呢？

姿宇："我妈妈是开裁缝店的，可以让我妈妈帮我们把表演组的衣服做出来。"

昱进："好呀！这样我们的服装就解决了。"

于是，制作组的幼儿邀请姿宇妈妈为他们制作服装。最终，制作组在家长的帮助下，很快就把所需要的服装及道具做好了。

制作组制作服装及道具

**教师思考：**

在观察幼儿的过程中，老师发现，相较于中班的幼儿，大班幼儿在合作解决问题方面的能力有了显著的提升。

在这一环节中，幼儿多次与同伴展开讨论，共同分析问题，通过互相帮助来解决问题。最终，他们成功地完成了小组任务。这一过程不仅展示了幼儿在团队合作方面的成长，同时也凸显了家园共育的重要性。家长的支持和配合是活动顺利开展的关键因素。

# （三）我扮抬阁顶马

经过一个月的密集排练，幼儿精心策划的抬阁顶马表演活动准备就绪。

当天，在大家的共同努力下，场地布置工作高效地完成了。随后，表演组的小演员们纷纷换上了服装，画上了精致的妆容，并带上各自的道具，整装待发。与此同时，观众也早早地来到座位上，翘首以待。

随着音乐的响起，幼儿自信满满地走上舞台。他们在众多观众面前流畅自如地完成了整个表演。漂亮的舞台、精彩的演绎，赢得了一致好评。

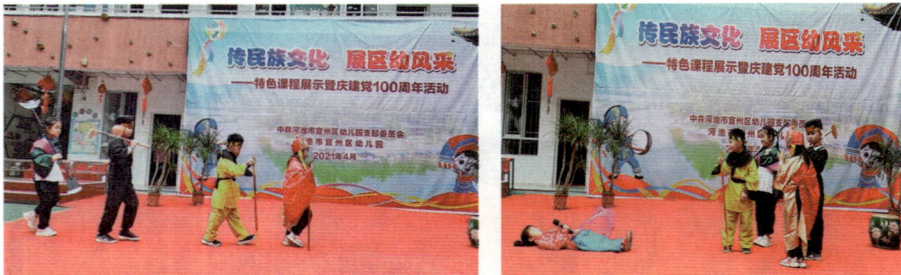

正式演出

# 三、课程反思与收获

## （一）幼儿的收获

### 1. 丰富了对抬阁顶马的认识

在"我扮抬阁顶马"主题活动的引领下，幼儿以多感官的方式不断地探索和体验，丰富了对抬阁顶马这一传统民俗的理解和认知。

此外，老师还鼓励幼儿通过绘画、手工艺术作品和表演等多种方式，表达他们对抬阁顶马的理解。这些活动不仅锻炼了幼儿的动手能力和创新思维，也让他们有机会将自己的思考和感受以艺术的形式展现出来，从而进一步提升他们的文化素养和审美能力。

### 2. 发展了幼儿的学习品质

通过参与抬阁顶马的一系列活动，幼儿不仅体验到了乐趣，更在这个过程中增强了自主学习、团结协作的能力。

在筹备巡演的过程中，老师鼓励幼儿多次深入探讨《西游记》中人物的服饰、道具以及装扮阁轿的设计，以寻求解决问题的最佳方案。在这个过程中，幼儿还学会了根据自身的优势进行分工合作，这不仅提升了他们的团队协作能力，也使他们在与同伴的交流和合作中有了显著的进步。

### 3.加深了对家乡的情感

经过前期了解、中期准备、最后表演等过程，幼儿不仅对传统民族文化产生了极大的兴趣，加深了对家乡的热爱之情。他们在了解和体验中，逐渐明白了自己的文化根源，也更加珍视和热爱家乡宜州特有的民俗文化。

## （二）老师的收获

### 1.角色的转变

在这次主题活动的推进中，幼儿不仅是活动环境的创造者，更是活动过程的实践者。作为老师，职责在于观察和理解幼儿的行为，为他们提供丰富的学习环境，从而激发他们的学习兴趣和潜能。

在活动中，应避免过早地介入，让幼儿有足够的时间和空间自主思考，解决问题。这样不仅能培养他们的独立思考能力，也能提高他们的问题解决能力，进而有助于培养他们的创新思维和批判性思维能力。

总的来说，老师应该尊重幼儿的主体地位，让他们在活动中自由探索，自我发展。只有这样，才能真正实现教育的目标，让每一个幼儿都能在活动中快乐成长。

### 2.课程资源的利用

在活动开始时，老师对抬阁顶马的了解并不深入。在注意到幼儿对这项活动表现出浓厚的兴趣之后，老师也同步开始查阅抬阁顶马的相关资料，充分利用本地可用的各种资源，如刘三姐文化博物馆、和平社区以及周边的居民等。经过一系列的研究，发现宜州抬阁顶马既是对传统文化的传承和发展，也是校园传统文化教育的重要组成部分，更是不可多得的课程资源。

### 3.课程源于生活

园所位于宜州老街，这里独特的地理环境孕育出独一无二的乡土文化，同时也为幼儿的游戏提供了无尽的灵感。无需预设，在活动中，幼儿会自

然而然地将乡土文化以各种形式展现出来。

作为老师，可以深入挖掘和整理各种本土资源，为幼儿提供更多的学习机会。同时，也应留下大量的"空白"，让幼儿自主学习，因为大家坚信，幼儿是有能力的学习者。

### ◄◄ 作者简介 ►►

麦小艳，中小学二级教师，2022年参加河池市宜州区幼儿园自制玩教具比赛获一等奖。

韦晓婵，河池市宜州区幼儿园教师。

# 有个四牌楼

文／邬江　周晓苑

## 一、课程故事起源

　　宜州区幼儿园始终将幼儿的发展需求作为目标，以建构游戏为载体，深入探索教学策略，引导幼儿学习建构技能，鼓励幼儿自我表达和创造。通过深入研究与实践，老师探索出一套完整的建构游戏方案，并将其融入班级每日的区域游戏中，以满足每名幼儿游戏的需要，促进幼儿全面和谐发展。

　　在一次分享活动中，老师鼓励幼儿畅谈家乡的美景，很多孩子都提到了宜州古城楼——四牌楼。四牌楼位于宜州老城区的核心地带，承载着悠久的历史底蕴，是古城建筑的瑰宝。这座城楼距离幼儿园仅500米，很多在幼儿园就读的幼儿在城楼周边居住着，常常在城楼里玩耍，时刻感受着古城的魅力，在这里度过了快乐的时光。

　　这座幼儿园附近的历史遗迹让幼儿倍感亲切。围绕四牌楼，他们展开了热烈的讨论，并主动提出想要将四牌楼画下来。因此，关于四牌楼的活动就这样拉开了序幕，大家开始共同探寻这座古老建筑的魅力。

# 二、课程故事实施

## （一）画一画：我心中的四牌楼

> 淼淼："我家旁边有个四牌楼，我觉得四牌楼很特别，我今天要去美工区画四牌楼！"
>
> 晨晨："我家有两个房子，回旧房子的路会经过四牌楼，我也想去美工区画四牌楼。"
>
> 佳慧："我也见过四牌楼，那里的楼很高，屋顶有尖尖的角。"
>
> 峻棋："四牌楼就像一座城堡一样，一共有两层，下面一层有四个大大的拱门。"
>
> 淼淼："我们一起到美工区画四牌楼，看看谁画得最好看。"

淼淼的提议得到很多幼儿赞同，于是大家一起到美工区画下自己心中的四牌楼。

观察到幼儿对四牌楼有着浓厚的兴趣，老师鼓励幼儿以他们独特的视角和想象力，将心中的四牌楼以自己喜欢的方式表现出来。在这个过程中，幼儿不仅展示了他们的艺术才华，更通过边画边分享的方式，传递了他们对四牌楼的独特见解。

> 琪琪："四牌楼楼身是四四方方的，上面有个小阁楼。"
>
> 浩浩："四牌楼的颜色是灰色的，我觉得太单调了，我要画五彩的四牌楼。"
>
> 洋洋："对对，我也要画五颜六色的四牌楼。"

幼儿大胆地使用各种色彩把心中的四牌楼画出来，之后将自己的作品进行展示，让大家共同欣赏。

幼儿画的四牌楼

## （二）搭一搭：创意四牌楼

幼儿正欣赏着自己亲手绘制的作品，趁着他们兴趣正浓，老师的一句感叹"这么漂亮的设计图，要是能变成真的就好了"再次点燃了幼儿的创作热情，纷纷表示要把画中的四牌楼变成现实。

皓宸："老师，我们想到'建筑工地'搭建一个四牌楼。"

杨杨："我同意。我也想搭四牌楼。"

森森："按我画的这个来搭吧。"

晨晨："我画得最像，按我的吧！"

老师："想搭建四牌楼的幼儿成立搭楼小分队如何？小朋友想一想，要搭建四牌楼该如何做呢？"

话音一落，幼儿忙开了。幼儿围在一起讨论，经过商量，大家推选晨晨作为四牌楼搭建小组的组长，负责总体搭建的指挥工作。先搭建什么呢？

要搭建几个部分？需要什么材料？谁负责搬运材料？关于搭建的一系列问题，幼儿边讨论边尝试用画笔记录下来。这时，皓宸来找老师，因为他想参考四牌楼真实的样子，所以想请老师帮忙打印一张四牌楼的照片，方便他进行重新设计。最终，一张张充满集体智慧的设计图纸出来了。

成立四牌楼搭建小分队

四牌楼图片

幼儿设计四牌楼

在这片充满生机与活力的"建筑工地"上，幼儿精心绘制的设计图纸被贴在显眼的位置。他们围坐在一起，热烈地商讨着每个人的分工。晨晨，作为团队的小领导者，她作出了明确的安排：森森负责楼梯的搭建，杨杨负责城墙的建设，琪琪承担城门和楼顶的建设重任，其他人则协助搬运各种建筑材料。

晨晨给大家分工

幼儿商讨所需材料

幼儿寻找材料搭建城门

在搭建四牌楼的过程中，幼儿也遇到了许多问题。

## 1. 问题一：城门比城墙高了，怎么办

不一会儿工夫，幼儿已经把城门搭建好了。晨晨用手比画了一下，然

137

后钻进去看了看，又钻出来后退几步看了看，一副沉思的样子，随后，晨晨指出，对比实际的四牌楼，搭建的城门比城墙高，同时进出城门容易碰头，琪琪也发现进出城门容易碰头的这个问题。

> 森森："这个门可以吗？够大了吗？"
> 晨晨："可以了，就是城门比城墙高了。"
> 森森："哦，那我们把城墙加高！"
> 琪琪："是不是把城门也垫高些？这样进出时就不碰头了。"

幼儿边商量边调整，兴致盎然地搭建着。

幼儿搭建城门

## 2. 问题二：材料不够了，怎么办

> 皓宸："那个大的空心积木没有了，一边的城墙搭好了，另一边不够，怎么办？"
> 琪琪："用纸盒来搭吧，但不一样，会不会不好看？"
> 晨晨："纸盒和空心积木不一样高。"
> 杨杨："那我们可以用小正方形的来搭。"
> 森森："两块小正方形，刚好可以合成一块长方形哦，可以继续搭。"
> 晨晨："对对对，就这样吧。"

面对材料不足的问题，幼儿并没有束手无策，而是积极寻求解决办法。无论是颜色的搭配，还是材料的大小、材质，他们都经过了思考、反复尝试和对比，并最终找到了合适的方案。

### 3. 问题三：怎么搭建架空的阁楼

琪琪："四牌楼中间有阁楼，要怎么空出来？"

乐乐："只有架空上去，不然楼顶没有了。"

琪琪："让我来试一试。"

琪琪巧妙地将两个小方形空心积木搭建成底座，然后轻轻地将一块长木板架在两端，阁楼的轮廓逐渐清晰。然而，她很快发现阁楼的高度并未达到预期，于是她开始寻找更多材料。此时空心大积木已经用完，这让她陷入了困境，但琪琪并未因此而气馁，她将四根大的圆柱碳化积木分别竖放在两个空心积木上，并再次架起一块长木板，阁楼的高度得到了提升。她满意地看着自己的作品，对小伙伴们说："我搭好了。"大家拍手叫好，四牌楼的阁楼就这样完成了。

琪琪架空阁楼

## 4.问题四：楼顶要怎么搭建呢

四牌楼越搭越高

琪琪："我们越搭越高，是不是可以搭楼顶了?"

晨晨："楼顶怎么搭呀? 楼太高了，我放不上去。"

杨杨："我从旁边的楼梯走上去搭。"

琪琪："我够高，我搭中间，我踮脚尖来搭。"

森森："我们找一个木箱来垫脚吧，踩上去搭楼顶。"

月月："我们需要找梯子来吗?"

浩浩："我够高，你们把积木递给我，我来搭。"

就这样，小队员们用他们的方法，将小长方体积木一块接一块地拼接了两层。当他们搭建顶部时，他们又巧妙地使用了两块三角形空心积木作为楼角，完成了这座小型建筑的封顶。大家对这个作品都感到非常满意，此时，有的幼儿已经迫不及待地投入游戏中，他们在"城墙"上穿梭，仿佛在体验古代城市的生活。

幼儿想办法搭楼顶

幼儿想办法搭楼顶

## 5. 问题五：楼梯不是都有扶手的吗

在侧面走"城墙"时，队员们又发现了新的问题。

> 芳芳："楼梯不是都有扶手的吗？我们幼儿园的楼梯就有扶手，而且两边都有。"
>
> 浩浩："有扶手感觉安全一点"。
>
> 洋洋："刚才我上楼梯的时候差点儿掉下来，我觉得加个扶手安全些。"
>
> 森森："好！那我们加上扶手吧，两边都加！"

幼儿搭建楼梯扶手

初次成功搭建四牌楼，幼儿的脸上洋溢着喜悦之情！在搭建的过程中，每一位队员都表现出无比的专注和努力。他们紧密团结，各司其职，有条不紊地完成了这次搭建游戏活动，特别是组长晨晨，她在搭建过程中展现

出卓越的组织协调能力，赢得了队员们的绝对信任。

第一次搭建的四牌楼

## （三）第二次搭建四牌楼

将四牌楼的照片与搭建小分队的成果一对照，组长晨晨敏锐地发现了一个问题：四牌楼拥有四个面，可他们只搭了两面，该如何进一步完善？组员们就此迅速展开了热烈的讨论。

经过回家咨询家长、再次实地观摩四牌楼、网上查找设计资料等，他们获得了新的灵感，并重新构思了四门四牌楼的设计方案。

晨晨重新设计四门四牌楼

第二天一大早，晨晨就兴奋地跑来告诉老师，他们计划继续对四牌楼进行搭建，同时表示，他们已经研究出了一种全新的搭建方法。如何解决四牌楼四个门的问题呢？是否只需要建立四面墙就能完成这个设计？当老师再次踏入"建筑工地"，一个令人惊叹的四门四牌楼已被成功搭建出来，这令老师欣喜不已。

第二次搭建四牌楼

老师："你们怎么想到用安吉箱来做墙体的？确实是既牢固又节省材料。"

琪琪："是我爸爸给我出的主意，我就告诉大家听。"

老师："那你们喜欢第一次设计的四牌楼，还是喜欢第二次的？"

幼儿："第二次的！"

晨晨："因为第二次的选材，所以我们很快就搭建好了，这次我们不仅可以玩很久，而且可以躲在箱子里面，很安全，不会倒塌。"

洋洋："我可以开车钻进去。"

浩浩："我可以钻到城楼上拍照了。"

幼儿兴奋地诉说着他们的想法。

幼儿以安吉箱为基座，巧妙地解决了城楼四面墙体的设计难题。两边楼梯和扶手的设计展现了他们的创新思维，这样的设计，不仅节省了材料，满足空间布局的需求，更是大幅缩短了搭建时间，仅用了半小时就完成了第二次搭建。

第一次搭建作品                    第二次搭建作品

# 三、课程反思与收获

## （一）幼儿是有能力的主动学习者

在四牌楼的探索之旅中，幼儿以绘画和器材搭建的方式，将他们对这座历史建筑的理解与感悟展现出来。虽然他们遇到了种种挑战，但并未因此退缩，反而主动通过讨论、实验、咨询成人及网络查询等方式，积极寻求解决问题的方法。这充分证明了"幼儿是有能力的主动学习者"。老师应当学会放手，多观察，多了解，多支持幼儿的游戏，让他们在游戏中充分体验学习探索带给他们的喜悦和成就感，从而激发求知欲，保护好奇心及探索欲。

## （二）将环境资源融入有价值的教育

老师充分利用环境资源的教育功能，让幼儿感受到家乡文化的魅力。首先，老师与幼儿共同收集了家乡的文化元素，并通过环境的布置，让幼儿在一日活动中能更深入地了解家乡文化。同时，老师在主题墙中留白，供幼儿进行主题的表达活动，如"家乡的建筑"和"家乡的美食"板块，这些都是由幼儿小组合作完成。也正是对身边环境资源的挖掘利用，才让幼儿对四牌楼这座特色文化建筑产生了更为浓厚的兴趣。

## （三）建构游戏给幼儿带来综合发展

《幼儿园教育指导纲要（试行）》及《3-6岁儿童学习与发展指南》均指出，幼儿园要"以游戏为基本活动"。游戏是幼儿的天性，它伴随着幼儿的成长，是促进其学习与发展的重要途径。建构游戏是游戏活动的重要组成部分，对于幼儿的各项能力发展都具有重要的发展价值。

### 1. 提高空间观念和逻辑思维能力

在搭建四牌楼的游戏中，幼儿需要对四牌楼的结构、形状、大小等空间元素进行观察分析，以便更好地搭建出他们想要的样态。这有助于提高幼儿的空间观念和逻辑思维能力。

### 2. 培养动手能力和协调性

建构游戏需要幼儿亲自动手操作，将各种材料拼接在一起，形成一个完整的结构。这有助于培养幼儿的动手能力和协调性，同时也能锻炼他们的精细动作技能。

### 3. 增强团队协作和沟通能力

在搭建四牌楼的过程中，幼儿一起合作，分工明确，共同完成了四牌楼的搭建，他们的团队协作和沟通能力得到了一定的提高，让他们在团队中充分发挥自身的作用，同时，也学会尊重和理解他人。

### 4. 培养解决问题的能力等学习品质

搭建四牌楼时，幼儿遇到了如何搭高、是否需要扶手、如何搭四面墙等问题，但他们没有望而却步，他们结合了与四牌楼相关的前期经验，并通过商量讨论、查找资料、向家长求助等方法解决问题。这有助于培养幼儿自主解决问题的能力，更让他们学会面对困难时保持积极的心态。除此之外，幼儿能专注游戏，坚持完成建构作品，意志品质得到了很好的提升。

### 5. 促进情感发展

搭建四牌楼的游戏让幼儿体验到成功和失败，也学会面对挫折和挑战。这有助于培养他们的情感稳定性，学会调整自己的情绪，更好地适应社会生活。幼儿在不断克服困难、解决难题的过程中，也体验到挑战自己的乐趣。

## （四）老师的成长与收获

### 1. 教育思想的转变

老师是游戏活动的组织者，老师依据教育目标，以关注幼儿发展需要为指导思想，努力将目标贯彻落实在幼儿的游戏实践中，并在活动中充分尊重幼儿想法，让游戏真正变成一种快乐的活动。

### 2. 教育形式的转变

建构游戏极大地丰富了幼儿的游戏内容，老师在游戏中的指导方式由过去的集体性指导逐步过渡到对幼儿个体的指导。个别指导更能促进幼儿个性化的发展，更能尊重幼儿兴趣。让幼儿自己大胆摆弄、操作，及时关注幼儿在游戏活动中的表现与反应，老师在一旁积极用语言引导，能促进幼儿更主动地学习。

### 3. 游戏环境的转变

老师在建构游戏开展过程中已体会到游戏环境创设的重要性，老师注重为幼儿创设游戏环境，提供游戏材料。每个班都有自己的建构游戏空间，利用幼儿的建构作品照片、过程照片、重点步骤图、布局图进行布置，并根据建构游戏内容的进展不断更换，能让幼儿在游戏环境之中尽情搭建与大胆创造。

### 4. 评价能力的提升

老师评价内容的日益增多，源于他们对幼儿在游戏中需求的明确，老师只有充分了解幼儿，才会呈现出精彩的评价。

园所秉承的教育理念，是以幼儿的实际体验为核心，旨在让他们在亲身参与和实践中茁壮成长。老师通过各种活动为幼儿提供丰富的实践机会，让他们在实践中学习，在学习中成长。

### ◀◀ 作者简介 ▶▶

邬江，中小学一级教师，河池市优秀班主任，参加多项自治区级、市县级课题，撰写多篇论文参赛均获一等奖。

周晓苑，中小学高级教师，广西园丁工程骨干教师，河池市基础教育名师、优秀教师、学科中心组成员、宜州区学科带头人、先进教育工作者。曾主持和参加六项市级以上课题研究。

# 怀远"供月亮"

文／覃蒙瑛　廖艳娜

## 一、课程故事起源

"但愿人长久，千里共婵娟。"中秋节作为中国的传统节日，象征着团圆、和谐。在幼儿眼中，中秋节更是一个充满欢乐和美食的"月饼节"。每到中秋节前后，幼儿总是热衷于讨论自家过节时的各种活动，其中更少不了各式各样的中秋美食，如各种口味的月饼、白米饼、罗汉饼、鱼饼等。

基于幼儿对中秋节的浓厚兴趣，一场关于中秋节的主题探究活动就此展开。

## 二、课程故事实施

### （一）怀远"供月亮"活动

中秋节后，在班里组织的分享活动中，幼儿围绕"印象中秋节"这一话题，展开了热烈的讨论。

> 琪琪:"我们一起到怀远古镇去赏月。"
>
> 佳琪:"我和爸爸妈妈一起到小南门赏月。"
>
> 静文:"我们是和家人在家里一起赏月的。"
>
> 彬彬:"我也去了小南门,好热闹呀!"
>
> 小晗:"怀远古镇的中秋节'供月亮'活动也非常热闹,有个超级大的白饼,还有许多的表演。"

经过讨论,幼儿对怀远古镇的"供月亮"活动特别感兴趣。

## 教师思考:

认真倾听幼儿的谈话后,老师了解到,班里绝大多数幼儿对于怀远古镇的中秋"供月亮"活动虽并不熟悉,但却因为这场讨论产生了浓厚的兴趣。

根据《3-6岁儿童学习与发展指南》的建议,老师应当运用幼儿喜闻乐见或能理解的方式,激发幼儿爱家乡、爱祖国的情感。因此,老师决定抓住这个契机,与幼儿一起去认识和了解宜州的特色文化。

### 1. 游怀远古镇

宜州的怀远古镇是一座具有悠久历史和丰富文化底蕴的古镇,位于广西北部湾旅游区内。这座古镇有着一千三百多年的历史,曾是黔桂交通重镇和边防重地。如今,古色古香的街道和独特的民俗文化,可以让人切身感受到怀远古镇的独特魅力和浓厚的文化氛围。怀远镇的民俗文化丰富多彩,其中较为典型的是山歌、彩调、桂剧和渔鼓。

老师鼓励家长与幼儿一同游览怀远古镇。游玩结束后,幼儿再次展开了讨论。

琪琪:"怀远古镇的房子都是灰色的砖,和我们平时看到的红色的砖不一样。"

卓卓:"古镇的路都是不平的,是用大大的石头铺成的。"

悦悦:"怀远古镇屋子的房顶都是向上翘起来的,都是飞檐,还有瓦片。"

嘉嘉:"古镇很漂亮,我看到了去年'供月亮'的图片,有好多彩灯,还有很多的'供月亮'的摆台,非常漂亮。"

通过亲子活动,幼儿欣赏到怀远历年来"供月亮"的活动照片和宣传画板,初步感受到古镇"供月亮"的独特氛围,这进一步激发了他们对怀远"供月亮"活动的兴趣。

琪琪画的怀远古镇

## 2. 探究"供月亮"活动

幼儿对怀远的"供月亮"活动了解得还不够深入和具体,老师鼓励幼儿通过多种途径寻找答案,进一步感受家乡的独特民俗文化。参与过怀远"供月亮"活动的幼儿,与家长收集并整理了历年的怀远"供月亮"活动相关资料,共同制作了《怀远"供月亮"》活动图册。

琪琪："每家每户门前都有'供月亮'摆台。"

悦悦："白天还有游街表演，晚上大家一起'供月亮'。"

静文："原来怀远'供月亮'有那么多表演，有阁楼小戏、庆丰收的巡游。"

佳琪："还有赏月活动，家家户户做的赏月供品都非常漂亮。"

天天的爸爸是宜州电视台的记者，他为班级提供了历年以来怀远"供月亮"活动的新闻视频。

通过观看怀远"供月亮"的图册和视频，幼儿不仅了解到"供月亮"活动的具体流程内容，更是感受到浓厚的节日氛围，对怀远的"供月亮"活动有了更进一步的了解。

阁楼小戏

丰收巡街

"供月亮"摆台

怀远古镇的"供月亮"典礼

通过多种途径的感知，幼儿不仅能够更深入地了解家乡宜州独特的"供月亮"活动，加深对中秋节的了解，同时，也激发了对家乡和祖国的热爱之情，培养了爱国情怀和文化自信。

## （二）白米饼的故事

怀远"米饼供月"的习俗源于古代人们对月亮的崇拜和祭祀。相传，在怀远古镇的中秋节期间，人们会制作一种特殊的米饼，将其供奉给明亮的圆月，以表达对丰收和幸福的祈愿。随着时间的推移，人们开始在米饼上使用可食用的颜料，绘制出各种美丽的图案，这些图案通常与中秋节的主题相关，如嫦娥奔月、玉兔捣药等。

在"供月亮"的活动中，最吸引幼儿的就是"供月亮"典礼上专门定制的巨型白米饼。

佳佳："那个白白的饼可以吃吗？"

静文："超级大的白饼是怎么做的？"

琪琪："我觉得是用白色 KT 板画出来的。"

巨型白米饼是怎么制作的，大家一起跟随幼儿去一探究竟吧！

### 1. 重游怀远古镇

为了探索制作白米饼的秘密，老师鼓励家长和幼儿重游怀远古镇。于是家长和幼儿利用周末的时间，再一次来到古镇。在班级的回顾讨论会上，幼儿迫不及待地与大家分享自己探寻到的收获。

佳佳："白米饼是斤糯米做的。"

悦悦："爸爸给我买了一个小的米饼，我尝了一口，里面有芝麻和糖。"

静文："白米饼有大有小。"

小晗："白米饼上面可以画图案。"

在与幼儿交谈后，老师发现幼儿实际对白米饼的制作过程知之甚少。在与家长沟通了解的过程中，老师也注意到家长对如何制作白米饼这个问题的回答也各不相同。

为了深入探寻白米饼这道传统美食的制作过程，在充分调动各方资源的基础上，最终，找到了一位拥有一家专门制作白米饼作坊的手艺人。

### 2. 揭秘白米饼的制作过程

由于多种原因，幼儿无法亲自参观白米饼制作工坊。但参观的家长很贴心地录制了白米饼制作的视频，让幼儿可以通过观看视频详细了解制作的全过程：首先，将糯米炒香、炒熟后研磨成米粉，然后拌入糖油制成有些湿的饼粉；接着，孚磨碎的黑芝麻、熟花生仁与白砂糖混合作为饼馅；准备工作完成后，在饼印中装入一半饼粉，平铺后加入饼馅，再铺平并加一层饼粉，压实脱模制成白米饼；最后，在白米饼上用植物染料绘制各种花鸟、山水、卡通人物等图案，香甜且美观的"月饼画"才算制作完成。

### 3. 白米饼的创作画

在白米饼上画画和在纸上画画有什么不同之处吗？幼儿真的可以把白

米饼作为画布，在上面尽情挥洒创意吗？

> 小晗："要等白米饼干了，才能在上面画画。"
>
> 静文："白米饼就像纸一样，可以画各种图案。"
>
> 佳琪："肯定不一样，在纸上画用水彩笔，白米饼画要用可以吃的植物染料。"
>
> 小晗："一样的吧，都是画画。"
>
> 彬彬："我也觉得一样，想画什么就画什么。"

### （1）在白米饼上画画前的小插曲

为了让幼儿更直观地感受到在白米饼和纸上绘画的差异，老师为班级的每名幼儿准备了一块白米饼和植物染料。就在老师准备把白米饼分发下去让幼儿自由画画的时候，彬彬举起了手。

> 老师："彬彬你有什么问题吗？"
>
> 彬彬："老师，每名幼儿只有一个白米饼是吗？"
>
> 老师："是的，每人一个。"
>
> 彬彬："那画得不好看了可以修改吗？"
>
> 老师："你认为呢？平时你画得不好看了，你是怎么解决的？"
>
> 彬彬："我会重新画一张，可是没有多余的饼。我先画个计划图吧，不然画得不好看，又不能重新画。"
>
> 琪琪这时候举手了："画不好再换另一面画就好了。"
>
> 彬彬："我还是要先画个计划图。"

彬彬的想法得到了大家的认同，大家都决定先在纸上设计好图案，然后再绘制到白米饼上。

彬彬首先完成了画作，他手持设计图纸向老师展示："老师，我打算画一个奥特曼。"

老师："好的，很期待你的作品。"说完把一块白米饼递给他。

彬彬："这个设计图不对，我的纸是长方形的，而且很大，可这个白米饼又圆又小。"

老师："那该怎么办呢?"

彬彬："我把白米饼拿下去，照着白米饼画一个圆，然后重新画设计图。"

老师："你的这个办法真不错，你去试一试。"

彬彬将饼放在纸上，尝试按照白米饼的轮廓画一个圆。

琪琪："这样印着画，饼会变脏吗?"

听到琪琪的话，彬彬思考了一下，便把白米饼放回桌面上，开始在班级里寻找与白米饼差不多大小的圆形物品。第一次，他找到了纸盘，但发现纸盘太大了，第二次，他发现了双面胶，大小与白饼相似。于是，彬彬对身边的琪琪说："你看我用双面胶画，就不会弄脏白米饼了。"琪琪连忙说："这个办法好，我也去拿一个。"当班级里的双面胶被用完后，其他幼儿开始寻找其他与白米饼大小相当的物品作为模型，一些幼儿选择了彩泥盖子，另一些则找到了老师的水壶。最后，大家都成功地完成了设计图。

幼儿画白米饼设计图　　　　　　　幼儿用废纸筒拓印圆形

白米饼设计图作品

## 教师思考:

幼儿在正式画白米饼前提出先画设计图,这表明在日常活动中培养幼儿制订计划的习惯已经取得了一定成效。幼儿能够发现问题并主动去解决,这是非常宝贵的。良好的学习和生活习惯并非一蹴而就,需要老师持之以恒地引导和幼儿的坚持。

### (2)白米饼画真有趣

设计稿已完成,植物染料和干净的小笔刷也已准备就绪,幼儿即将在白米饼上画画啦!

佳琪:"老师,我想让我的弟弟到我们班看我画画,我弟弟想知道在饼上是怎样画画的。"

嘉骏:"老师,老师,我们可以到户外去画吗?这样想看的幼儿就都可以看到。"

嘉骏的提议得到了幼儿的一致认可。于是,班级幼儿选择了一个阳光明媚、空气清新的下午在户外作画。幼儿专心进行着他们的绘画创作,在白米饼上细心勾勒出自己设计好的美丽图案，给原本空白的白米饼增添了绚丽的色彩。绘画结束后，他们满心欢喜地与身边的伙伴分享着自己的作品。这些充满创意的白米饼，也吸引了许多在户外活动的幼儿驻足观赏。大家纷纷把画好的白米饼摆放到桌面上，供大家欣赏。这些"小观众"无不被这些五颜六色的白米饼画作所折服，不禁连连称赞，而那些创作出美丽白米饼画的"艺术家"们，自然是满心欢喜，成就感油然而生。

白米饼的绘画环节已经结束，那么在白米饼上进行绘画与在纸上进行绘画，这两种方式之间存在哪些差异呢？幼儿对此已有一定的经验，急切地想要分享自己的感受。

彬彬："白米饼有点儿凹凸不平，在纸上画画就不会。"
琪琪："白米饼上的图案要比纸上的图案好看。"
嘉骏："用颜料画更好画。"
静文："可以用手把画错的地方刮一刮，饼面就又变白了，又可以重新画了。"

漂亮的白米饼画

157

# 三、课程反思与收获

## （一）抓住节日契机，弘扬本土文化

活动前，老师抓住了中秋节这个契机，以怀远"供月亮"活动为线索，鼓励幼儿和家长一同游览怀远古镇，了解怀远镇的历史和当地传统节日风俗。在整个活动中，老师遵循幼儿的年龄特点，提供充分的环境支持，让幼儿通过直接感知、实际操作和亲身体验，进一步了解宜州本地的"供月亮"活动和其他的民俗文化。这样的活动，极大地激发了幼儿对家乡的热爱之情。

## （二）做有准备的老师

在组织幼儿开展活动时，老师需要在物质、环境等方面做足准备，以确保活动的顺利进行。老师还应该善于发现并抓住偶发的教育契机，引导幼儿以新的方式主动学习。

---

### ▶▶◆ 作者简介 ◆◀◀

覃蒙瑛，中小学一级教师，曾荣获河池市宜州区"优秀教师""优秀班主任"称号。

廖艳娜，中小学一级教师，河池市"优秀教师"、河池市宜州区"优秀教育工作者"、河池市名校（园长）成员，参与多项课题研究，其中自治区级课题1项、市级课题3项。

第三章

# 童乐"水面打筋斗"

本篇章将展示一系列丰富多彩的民间游戏及民间游戏材料，这些有趣的民间游戏既传承了传统游戏的魅力，又展现了新时代下的创新。

跳格子是一种广受欢迎的民间游戏，考验的是幼儿肢体的灵活程度和反应能力，同时能培养幼儿的空间意识和策略思维。陀螺这个游戏，考验的是幼儿的手眼协调能力和耐心，同时能培养幼儿的专注力和自控能力。扔沙包游戏则是一种非常流行的民间游戏，借助扔沙包的技巧和准确性来获得胜利。竹梯和木梯是传统民间器具，经过探索，被幼儿改造成游戏材料。对轨道的探索则表现出幼儿在传统游戏及传统材料上的创新。无论是传统器械，还是现代材料，当中都能体现出幼儿的深度学习和思考。

# 新花样玩跳格子

文 / 玉成玲　周晓苑

## 一、课程故事起源

　　园所曾策划一场名为"民间游戏的趣味世界"的主题活动，分别组织了亲子调查、收集民间游戏器械、分享民间游戏玩法和民间游戏大比拼等系列活动。其中，幼儿对传统民间游戏——跳格子情有独钟，无论是户外活动还是餐后休闲，都能看到他们沉迷在跳格子游戏中，甚至还有幼儿创作出新式的跳格子图。

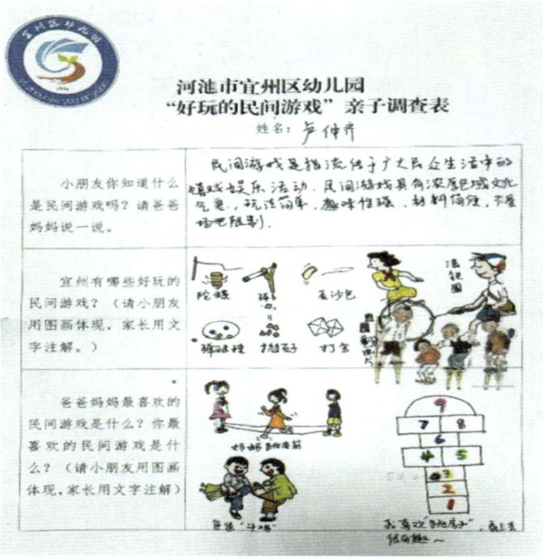

　　随着幼儿游戏技能的不断提升，单一的跳格子方式已经无法满足他们对游戏的需求。因此，一场关于探索跳格子创新玩法的"风暴"正在他们之间悄然兴起。

亲子调查表

161

幼儿分享民间游戏玩法

民间游戏大比拼

幼儿在户外玩跳格子

幼儿画跳格子图

# 二、课程故事实施

## （一）跳格子路径我来做

### 1. 问题一：能否设计不一样的跳格子图

户外活动期间，几名幼儿正在全神贯注地玩跳格子游戏。幼儿的思维非常活跃，他们开始提出一些新的想法。

冯源："跳格子好好玩呀！我每次都能把绣球抛到格子'家'里。"

朗朗："我也是呀！而且我可以一直单脚跳呢！"

晓彤："你们玩的跳格子图都是我画的！我画的格子图最好了！"

皓宸："跳格子的图案都是一样的，每次都只能这样玩，我们可以画出不一样的跳格子图吗？"

**教师思考：**

在强烈的好奇心和探索精神的驱动下，幼儿带着满满的期待询问老师是否能够打破常规，绘制出不同的跳格子图。作为老师，必须积极正面回应，并支持他们的创新想法。

### 2. 问题二：谁设计的跳格子图最有趣

关于跳格子图的设计，幼儿兴奋地提出了各种创新的想法。部分幼儿主张以三角形为基本形状来设计跳格子图，部分幼儿则倾向于圆形，还有一部分幼儿热衷于曲线的设计。面对如此多样化的选择，该如何决定呢？

经过幼儿自主讨论，大家达成了共识：每个人把自己的想法绘制成一份设计图。

浩轩："我用圆形和三角形来设计跳格子图，绿色的圆形是用单脚跳，黄色数字是双脚跳，能到最后三角形的'家'才算赢。"

晓彤："我设计的是爱心跳格子图，我喜欢爱心，小朋友看到爱心就双脚跳，看到正方形就单脚跳。还有梯形和圆形图案，大家可以猜猜要怎样跳。"

湘恒："我的是气车跳格子图！把车轮、车窗和车身分成不同的格子，请小朋友来跳！它还是一辆彩色的汽车呢！"

小乔："我用了虚线、叉叉、等号和方格子设计了一条闯关跳格子图，小朋友走虚线时要跨过去，走等号要跳过去……"

最后，幼儿带着他们精心绘制的设计图来到操场上，自豪地向同伴们展示自己的设计，并将他们的创意付诸实践，尝试各种新颖的玩法。

浩轩设计的跳格子图

晓彤设计的爱心跳格子图

湘恒设计的汽车跳格子图

小乔设计的跳格子图

幼儿试玩自己设计的跳格子

**教师思考：**

　　为了支持幼儿进行创新设计，老师需要提供随时可取的材料，充分尊重并鼓励幼儿勇敢表达和自由想象。幼儿不仅运用了自己喜欢的图案和色彩，还兼顾图案与跳法的匹配，将图像设计与游戏规则一并融入设计图中。这无疑是突破了传统的跳格子游戏框架，也充分体现了幼儿的创造力。

### 3. 问题三：粉笔画的跳格子图容易褪色模糊，怎么办

由于地上的格子图案是由粉笔绘制而成，经过反复踩踏之后，地上的图案逐渐变得模糊不清。若不及时修复，恐怕连图形路径都会难以辨认。

幼儿给格子补色

汝欣："哎呀，又看不清图形了，这个粉笔画的跳格子图玩一下就被踩得看不清了！"

梓文："那我们可以用颜料试一试呀！"

晓彤："可是颜料是要涂在白板上才看得出来。"

天天："用油漆呀！像操场上的小圆点一样，这样就不会被擦掉了！"

朗朗："油漆也不行！油漆洗不掉，到时候操场被我们画花了，弟弟妹妹做早操就找不到小圆点啦！"

### 教师思考：

幼儿面对挑战时，作为他们的引导者，老师并没有立即提供解决的方案，而是鼓励他们自主寻找答案。这种自主探索的体验让幼儿在自主探索过程中充满了热情，并且乐于与同伴分享自己的游戏经验和创新想法。

值得一提的是，幼儿能够从不同的角度思考问题，会考虑到如果把操场画花，弟弟妹妹们将无法进行早操。幼儿能进行换位思考，理解他人的需求和感受。

在讨论的过程中，幼儿能集思广益，最终找到解决问题的最佳方案，不仅锻炼了沟通协作能力，也学会了如何通过团队合作来解决问题。

## （二）跳格子材料我来找

### 1. 问题一：用什么材料可以让跳格子图不容易被擦掉

怎样才能让跳格子图不容易被擦掉？在所有人陷入思考的时候，朗朗瞥见了其他幼儿正在欢快地玩着呼啦圈，他灵机一动，提出了一个创新的想法：利用材料区里的呼啦圈来设计跳格子图。这样不仅可以自由地摆放呼啦圈，创造出独一无二的跳格子路径，而且在游戏结束后，可以轻松地将呼啦圈收起来，保持操场的整洁干净。这个想法立刻得到了大家的热烈响应。于是，幼儿纷纷涌向玩具区，寻找需要的呼啦圈。

琬婷："我们把呼啦圈一个接一个地连起来，一条彩色的'格子路'就出来啦！"

冯源："一条'格子路'太少啦，跳一下就结束了，我们摆多一点儿呼啦圈，再把它们连接起来增加难度。"

晓彤："跳格子里面都要有数字的！我来把数字画出来，大家要按着数字跳哦！"

妃妃："还有，还有，你们要注意哦，跳到数字1、2、3的时候，我们要单脚跳；跳到数字4、5、6的时候就可以双脚跳。"

跳格子图设计中        增加更多路径        在格子内写上数字

**教师思考：**

　　大家集思广益，将原本单一的呼啦圈跳格子玩法发展成多元化的玩法，使得游戏的丰富程度逐步提升。在这个过程中，幼儿展现出良好的创造力和想象力。为了让游戏更具挑战性和趣味性，幼儿还在呼啦圈内画上了数字，并规定了相应的玩法。

　　在整个游戏过程中，老师始终扮演着观察者和支持者的角色，为幼儿提供了方便取放的呼啦圈、粉笔等材料，以便他们能够更好地进行游戏活动。

### 2. 问题二：游戏太单一了，怎样才能更好玩

　　在幼儿玩得不亦乐乎时，老师注意到了琬婷，她曾是班级里最早一批热衷于呼啦圈跳格子游戏的幼儿，但现在却安静地坐在一旁看着其他幼儿玩游戏。

老师走过去，好奇地问："琬婷，为什么你不玩呼啦圈跳格子了呢？"

琬婷："我觉得一直跳这个有点儿无聊，一直重复同样的动作。"

老师："那你有没有想过如何让这个游戏变得更有趣呢？"

琬婷："老师，可以随便用其他材料来搭跳格子图吗？"

老师："当然可以，你去试试看吧！"

　　琬婷开心极了，拉上好朋友妃妃，把梅花桩和龟壳加到原先的跳格子图里面，呼啦圈跳格子图又有新路线了。

> 琬婷："大家跟着我一起跳，你们就会玩啦！"
>
> 妃妃："我们在摆呼啦圈的地方再增加一条路线吧！可以单脚跳也可以双脚跳，从这边出发跳到梅花桩和龟壳旁，就可以开始挑战走梅花桩和龟壳的路线了！"

给跳格子图加上新材料

一起玩新的跳格子游戏

皓宸则在材料区中翻出了彩虹伞，并号召大家一起把彩虹伞平铺在地上。皓宸大声喊道："老师，你看！彩虹伞上也有格子！还是彩色的呢！我们可以直接在彩虹伞上玩跳格子呢！"

彩虹伞跳格子

**教师思考：**

在老师的鼓励下，琬婷与她的小伙伴们在材料区挑选了梅花桩和龟壳，丰富了原有的呼啦圈跳格子图。在琬婷的引领下，其他幼儿也纷纷加入这场跳格子图的创作盛会中，大家共同布置出一条融合了梅花桩、龟壳和呼啦圈元素的跳格子路径。

随着跳格子的材料和玩法变得越来越丰富、越来越新颖，幼儿的创作热情也越来越高涨，想象力得到了极大释放，团队协作能力也在不知不觉中得到了锻炼。

## （三）跳格子节奏我来打

### 1. 拍手跳格子

接连几天的暴雨让大家无法在操场上进行任何户外活动。

> 铠俊："好想到操场上继续玩我们的跳格子游戏，什么时候太阳会出来啊？"
>
> 冯源："对啊，我也想玩，彩虹伞跳格子游戏我最喜欢了！"
>
> 朗朗："不如我们把彩虹伞、呼啦圈、龟壳和梅花桩一起搬到教室里玩吧！"
>
> 梓文："但是教室太小了，彩虹伞放不下，只能用呼啦圈了。"

于是，幼儿纷纷动起手来，拿出呼啦圈，在教室里井然有序地摆弄了起来。

幼儿在教室里摆跳格子图

湘恒:"教室小,我们人又多,得排好长时间才能玩一次!"

朗朗:"那我们分组来玩,你们女孩子先玩,我们男孩子再玩。"

冯源:"没关系,我们可以石头剪刀布来决定。"

决定谁先玩

分组游戏

### 教师思考:

由于天气原因,户外跳格子游戏转移至教室进行,考虑到教室空间较小,幼儿主动选用了适合小面积教室的呼啦圈作为游戏道具。

然而,新的问题很快出现:参与者众多,游戏机会却有限。但幼儿迅速找到了解决方案:分组进行游戏,并通过公平的方式决定游戏的先后顺序。每一名幼儿都有机会参与其中,还结合游戏情境,通过拍手的节奏来烘托游戏氛围,勇于尝试不同的游戏玩法。

### 2. 念童谣跳格子

朗朗:"到女孩子跳啦!"

老师:"拍手和念数字可以让他们的游戏更有趣,除了这两种方式,我们还可以用什么方式来帮助伙伴打节拍玩游戏呢?"

铠俊:"我们可以念童谣《落雨蒙蒙》(地方童谣)。"

皓宸:"对,对,对!还可以念童谣《一二一,挑起箩筐克买米》(地方童谣)呀!"

粟馨:"那你们男孩子念,我们来试一试。"

乐乐:"你们念童谣时要整齐,不要太快了,要不然我们来不及跳,会好赶啊!"

女生组跳格子

将童谣与跳格子相结合

**教师思考:**

在初始动机"为男生们加油助威"的驱动下,女生们渐渐掌握了打节拍的技巧。然而,她们并未意识到语言节奏过快,同伴跳跃的速度赶不上节拍。在察觉到这一情况后,老师提出了一个问题:"还可以通过哪些方式来为玩跳格子游戏的同伴打节拍呢?"幼儿立即开始思考,并纷纷提出了自己的建议。

在老师的引导下,幼儿能够结合自身的经验,把所学的童谣与游戏相结合,这种尝试不仅为跳格子游戏增添了更多的乐趣,更进一步激发了他们接触新事物、勇于尝试的欲望。

### 3. 听音乐跳格子

朗朗："老师，你可不可以帮我们播放《孤勇者》，我们来玩跳格子游戏？"

汝欣："我也喜欢《孤勇者》。"

皓宸："歌曲也有节奏，老师帮我们播放《孤勇者》，这样我们就不用自己拍手念童谣来打节拍了。"

梓文："《孤勇者》节奏好快啊，我都跟不上。"

婉蓉："那我们选一首慢一点儿的歌来试一试，《小白兔》慢一些。"

朗朗："《布谷鸟》也可以，你们选吧，我是双脚跳一个圈的。"

汝欣："我们还可以跳一次是空格子的，再跳一次是不空格子的。"

幼儿听歌曲跳格子

**教师思考：**

歌曲《孤勇者》在幼儿群体中掀起了一股热潮，幼儿园各年龄阶段的幼儿几乎都能熟练地哼唱这首歌。在这一活动中，他们巧妙地将最喜爱的歌曲与最喜欢的游戏相结合，创造出一种全新的跳格子游戏方式。然而，在实践中发现歌曲的节奏过快，他们难以跟上音乐节拍。于是，幼儿开始寻找新的解决办法，并及时总结出新的经验：节奏稍慢的歌曲更适合玩跳格子游戏，而且节奏越鲜明，跳跃会更加流畅。

幼儿通过思考，学会了如何根据歌曲的节奏快慢进行筛选，并且能够根据音乐节奏的快慢来调整自己的动作。同时，在掌握了节奏之后，还在跳格子的玩法上进行了创新，使得原本的跳格子游戏在幼儿的思考和实践下变得极具吸引力。

# 三、课程反思与收获

民间游戏蕴含着丰富的教育价值和巨大的发展潜力，是民族文化的重要组成部分。其中，幼儿民间游戏适应幼儿的年龄特点，富有浓厚的趣味性和娱乐性，深受幼儿喜爱。园所充分认识到幼儿民间游戏这一资源的潜力，积极开发利用，将民间游戏巧妙地融入幼儿园的课程中，引导幼儿参与到民间游戏，并鼓励他们进行创新。老师注重用幼儿感兴趣的方式去引导幼儿，同时也提高幼儿的团队协作能力，以及发现问题、解决问题的能力。

在活动的筹备阶段，通过引导家长重温童年游戏的美好记忆，不仅得到了家长对幼儿园工作的大力支持，更为幼儿活动积累了丰富的前期经验。在游戏环节中，老师将亲子游戏的精彩照片、班级游戏的视频与家长分享，极大地激发了家长的热情，无论是幼儿还是家长，都在这次活动中收获满满！

当然活动设计也存在不足和遗憾之处。首先，在创新跳格子的辅助玩具方面存在不足，提供给幼儿可选择的材料种类偏少，仅包括简单的呼啦圈和梅花桩等。为了丰富幼儿的游戏体验，应该收集更多具有可塑性的材料供他们使用。其次，有个别幼儿在合作游戏中的参与度不高，可能是因为尚未掌握合作游戏的技巧或缺乏自信。应该鼓励更多的幼儿参与到团队协作的过程中，关注每一位幼儿的发展需求。最后，在游戏的复盘总结方面还有待加强。老师可以协助幼儿梳理总结游戏的经验，引导幼儿进行深度学习。

## 作者简介

玉成玲，中小学一级教师，参与"在写生活动中培养小班幼儿口语表达能力的实施与研究"等多项课题，荣获河池市宜州区"优秀教师"称号。

周晓苑，中小学高级教师，广西园丁工程骨干教师，荣获河池市"基础教育名师""优秀教师""先进工作者"等荣誉称号，河池市宜州区学科带头人，曾主持并参与六项市级以上科研课题研究。

# 小"梯"大作

文 / 黄金义　麦小艳

## 一、课程故事起源

日常生活中竹制品无处不在，它们既常见、易得又耐久实用，对于幼儿来说并不陌生。在幼儿园中，竹梯是一种常见的低结构游戏材料，深受幼儿的喜爱。每到户外游戏时间，幼儿总喜欢三五成群地去玩竹梯，与同伴们不断探索新的玩法，让游戏变得有趣刺激，且富有挑战性。

## 二、课程故事实施

### （一）竹梯玩法大畅想

竹梯还可以怎么玩呢？幼儿是游戏的主角，老师决定把探索竹梯玩法的主动权还给幼儿。

> 小米："把竹梯放倒，我能从上面走过去。"
>
> 枫枫："我还会用竹梯跳格子。"
>
> 玥玥："我还会用它们玩开火车的游戏。"

关于竹梯的玩法，幼儿都贡献了极富创意的想法，为了延续幼儿探索新玩法的浓厚兴趣，老师鼓励他们回家邀请其家长参与到讨论中来。幼儿带着满心期待回到家中，与家长一起通过实物观察、网络资源收集以及绘画的方式，深入了解竹梯的各种玩法。幼儿通过绘画的方式，将他们的发现和想法呈现在《竹梯玩法大调查》中。

**教师思考：**

　　兴趣是最好的老师，正是基于对竹梯的兴趣和喜爱，幼儿才能展开自由的想象，积极地探索和收集竹梯的各种玩法。他们会用自己独特的方式，将所见、所闻、所思、所想记录下来，这样的过程不仅极大地激发了幼儿对竹梯的好奇心和探究欲望，也为后续的游戏探索活动积累了宝贵的经验。

## （二）竹梯初玩

　　玥玥："我可以在竹梯上走路。"

　　乐乐："我可以在里面跳，像跳房子一样。"

　　冯冯："我有个更好的玩法，一起来试试吧！可以几个人撑着竹梯，一个人爬。"

　　佳佳："哇，真好玩，我们轮流爬呗！"

　　小宝："别人爬的时候我们不能松手哦，要坚持住！"

　　玥玥："这样玩好没意思啊，能不能换个玩法？"

　　瑶瑶："就是，就是，真没意思！把竹梯搭在滑滑梯上玩吧！"

**教师思考：**

首次尝试竹梯游戏时，幼儿将竹梯平铺在地面，全身心投入与竹梯的互动中，热情洋溢，丝毫未感觉单调乏味。老师给予他们充足的时间和空间，鼓励他们自由探索和创新。幼儿不断创新玩法：从简单的行走、奔跑，到跳跃、单脚跳、开合跳；从依靠竹梯攀爬到借助滑梯进行攀爬。快乐游戏的背后，正是老师的"放手"和幼儿的积极探索。

## （三）竹梯游乐场

由于材料种类的限制，幼儿从最初的热火朝天逐渐变得有些乏味厌倦。那么，如何通过引入一些辅助材料来激发幼儿的兴趣，进一步推动对竹梯游戏的深入探索呢？经过考虑，老师决定投放轮胎材料，但没有主动告知幼儿，而是准备先"按兵不动"，给幼儿自主发现和探索的机会。

果然，不久后，幼儿发现了轮胎，并主动提出请求，希望能用轮胎和竹梯进行一场全新的游戏。在得到肯定的答复后，幼儿便踏上了竹梯游戏的设计之旅。

可可："我需要五个轮胎，两头各两个，中间一个，这样搭起来会更牢固。"

冯冯："我需要两个竹梯，四个轮胎，这样搭起来会很好玩！"

瑶瑶："老师，你看我做的！四个轮胎和一个竹梯，可以爬着玩，也可以走。"

初次设计，幼儿基本上都选择了将轮胎与竹梯进行较为简单的组合，并用绘画的形式展现出来，进而进行实物操作。

乐乐："把竹梯的两头垫上轮胎，可以当平衡木，我能自己走过去！"

多多："老师，你快看，我们在玩跷跷板！"

萌萌："这样也好玩，可是翘不起来呀，我觉得还是要改改！"

佳佳："你们看，拿走这两头的轮胎才可以翘起来。"

可可："快看，我还可以这样滑下来，跟滑滑梯一样！"

龙龙："我还可以站着走上去！"

航航："可以先跳竹梯，再钻过圈，爬过竹梯就算成功了。"

**教师思考：**

当发现幼儿游戏处于瓶颈期时，老师通过提供轮胎这一辅助材料，支持幼儿在这一阶段尝试探索"轮胎＋竹梯"组合的不同玩法。在探索中，当幼儿发现"跷跷板"翘不起来时，老师并没有马上介入，而是启发幼儿与同伴一起想办法解决问题，及时进行调整，使得游戏成功进行。

## （四）竹梯大联盟

在熟练掌握竹梯的使用技巧后，幼儿已经能够自如地运用各种辅助材料进行游戏。然而，只局限于使用某一种或两种辅助材料，一定程度上限制了他们游戏设计的想象力。因此，在一次游戏结束后，老师提出了一个大胆的设想——超级竹梯大联盟。这个提议引发了幼儿的热烈讨论，他们纷纷表达自己的观点和想法，场面异常活跃。

小宝："我觉得'超级竹梯大联盟'就是把所有的竹梯搭在一起玩。"

冯冯："还可以加上轮胎，还有滑滑梯。"

> 玥玥："对，把我们之前玩的材料都用上，肯定能创造出非常棒的新玩法。"
>
> 乐乐："我们可以把想法画出来！根据画的图纸就能搭建出来。"

在搭建过程中，幼儿按照预先设计好的图纸进行分工协作。乐乐和玥玥拿着图纸，一边商量一边指挥大家准备材料，而其他的幼儿则负责实际的搭建工作。无论是竹梯还是高高的竹凳，幼儿都亲自操作，他们的努力使得图纸中的"大工程"迅速完成。这个大工程为幼儿带来了全新的体验，他们都迫不及待地想要亲自试一试。

**教师思考：**

在"超级竹梯大联盟"的探索旅程中，经过多次的尝试和实践，幼儿的协作能力和搭建技巧得到了显著提升。竹梯不仅是幼儿锻炼平衡感的工具，更是他们感知世界的重要媒介。而在此次活动中，原本简单的竹梯更是超越了其本身的功能，不仅是幼儿锻炼平衡感的工具，在幼儿的创新思维下，竹梯更成了一种探索世界的工具，充满了惊喜和无限可能。

鼓励幼儿将竹梯游戏活动以语言或绘画的形式表达，让游戏痕迹充分外显。老师也被幼儿简单而又丰富的表达所感染，通过看似简单的线条符号以及稚嫩而童真的语言，走进了幼儿丰富的内心世界。

## （五）竹梯"回家"

精彩的游戏活动结束后，收拾器械、整理活动场地这些看似日常且琐碎的小事，在幼儿眼中却成了展示自我能力的绝佳舞台。面对巨大的竹梯，这些个头娇小的幼儿，又会有怎样的表现呢？

### 1. 发现问题：齐心"斜"力

户外自主游戏活动结束后，送器械"回家"的音乐声响起，幼儿纷纷行动起来。

> 淼淼："我来搬这个!"
>
> 迪溪："你一个人搬不动! 我来帮你。"
>
> 梓涵："我也来帮你们一起搬。"

越来越多的幼儿前来帮忙，犹如一群小蚂蚁一样加入搬运竹梯的队伍中，行走时左摇右晃。

幼儿准备收梯子

幼儿一起搬运梯子

不一会儿，搬运过程中却出现了争吵声。

> 佳慧："哎呀! 你走慢一点儿，梯子碰到我脚了!"
>
> 雯婷："梓源，你踩着我啦!"
>
> 笑笑："淼淼，你别挤我嘛，我都拿不到了!"
>
> 俊霖："你慢点儿，都撞着我啦!"

此起彼伏的争吵声引起了老师的注意。在活动总结时，老师引导幼儿利用语言、符号、图画等形式进行表达。

幼儿以绘画形式描绘搬运梯子时出现的问题

笑笑描绘出的问题　　　　雯婷描绘出的问题　　　　怀玉描绘出的问题

## 教师思考：

　　一开始，幼儿对收放器械的工作热情高涨，仿佛每个人都想通过这个机会展示自己的"洪荒之力"。然而，当他们尝试着进行合作后，发现如果同伴之间没有学会合理的分工与协作，那么即使大家都用尽力气，也可能无法达到预期的效果。因此，这并不是一个有效的收放竹梯的方法。

　　问题是引领幼儿自主开展探索活动的助推器。因此，老师紧紧抓住幼儿在搬运竹梯过程中所遇见的问题，以怎样安全且有效地搬运竹梯为驱动，启发幼儿主动思考，组织幼儿讨论导致问题发生的原因，及时利用餐后活动时间引导幼儿用言语、符号、图画等形式进行表达、呈现，充分发挥老师"穿针引线"的作用。

## 2. 讨论问题：各抒己见

幼儿讨论如何搬运梯子

老师提出"如何更安全、高效地搬运竹梯"的问题，幼儿对此展开了热烈的分组讨论。

> 熙熙："我觉得要人多才行，这样力气更大！"
>
> 笑笑："人太多啦！太挤了！小朋友很容易受伤的！"
>
> 祖涵："可是一个人没办法抬动梯子呀！"
>
> 易谌："可是人太多，都站不下啦！"
>
> 佳慧："那到底是人多一些好还是人少一些好呢？"

关于人多人少的问题，幼儿发生了争执：有的幼儿觉得人多力量大，有的幼儿根据已有经验认为人多容易拥挤容易导致受伤。那到底是什么方式最合适呢？既然幼儿各执己见，老师及时提议，要不围绕此话题开展一场辩论会吧！

## 3. 辩论："两军"对垒

在辩论会上，正方持"人多一些好"的观点，反方则持"人太多了不好"的观点。首先，正方陈述观点。

迪溪："因为梯子太重了，人多一点儿才能抬起来！"

熙熙："对呀，我们可以慢慢地抬梯子，就不会碰到大家了。"

正方认为抬梯子需要人多

辩论赛的正方

接着，反方表达观点。

笑笑："我觉得人太多不好，搬梯子的时候走路是摇摇晃晃的！"

祖涵："对！我看到大班的哥哥姐姐都是两个人搬梯子！"

反方认为抬梯子需要人少

辩论赛的反方

## 4. 验证问题：挑战比赛

到底哪种方法能更安全、更有效地收纳器械呢？"纸上得来终觉浅，绝知此事要躬行"，因此，正反双方的组员们决定通过实践来一决高下！经过激烈的搬竹梯比赛，正方团队用时6.62秒，反方团队用时5.55秒，反方用时较短。

正反双方在操场上进行验证

回到教室后，幼儿及时进行了回顾总结：在人数较多的情况下，虽然可以节省力气，但大家前进的步伐不统一，导致走路时来回摇晃，这不仅容易相互碰撞，还会增加收纳的时间；在人数较少的情况下，大家搬运的节奏更加统一，他们也能更关注物品运输的过程，收纳变得更加安全和高效。因此，经过实践，反方的小辩手们最终获得了胜利。

回顾比赛，及时总结

**教师思考:**

　　幼儿能充分调动自身已有的生活经验,在与同伴的交流分享中大胆地表达出自己的想法,提高了语言表达能力;当同伴之间产生意见分歧或矛盾时,在老师的介入下,幼儿通过辩论活动,提高了思辨能力;在语言表达与正反思辨的基础上,幼儿自发开展了挑战活动,在实际操作中初步得出结论,助推行动力的培养,同时,幼儿也进一步了解到与同伴进行协商、分工合作的重要性。

## 5. 解决问题

　　在深入探索后,幼儿认识到:如果参与搬运竹梯的人数过多,可能会导致速度减慢,同时还可能带来安全隐患;相反,如果能够合理地分配人员,那么不仅可以提高搬运效率,还可以确保安全。基于这个认识,幼儿通过小组合作的方式,认真地讨论与计划,提出了许多安全、有效的搬运办法,并再次投入实践中去。

易芸:"我们这次先说好,哪些人抬哪些东西!"

笑笑:"我的力气大!我可以抬重一点儿的梯子!"

静怡:"女生的力气小,我们抬轻一些的梯子。"

靖璇:"我和梓泾一起抬双面梯!"

搬梯计划图

一起按计划搬运梯子

**教师思考：**

　　以实际问题为起点逐步深入，使问题的解决过程更加科学合理。幼儿将所学到的知识和经验运用到活动中，以实际行动回馈生活，实现知识的真正价值。

## 6. 复盘问题：持续赋能

　　实践活动结束后，老师精心组织了一场深度交流与评价活动。讨论话题围绕两个问题展开："通过这次活动，你有哪些宝贵的收获？""你认为今天谁的表现最为出色？分享一下你的理由。"

幼儿与大家分享自己的收获

熙熙："通过这次搬运竹梯，我学会了与朋友合作的时候还需要协商分工才行。"

祖涵："我学会了遇到问题时不能随便哭，可以寻求老师和朋友的帮助，一起想办法解决，不能轻易放弃。"

静怡："通过这次活动，我学会了怎样用最快速度将竹梯送回家。"

梓涵："我觉得笑笑表现得最好，因为他今天帮助我了。"

俊宏："我觉得峻涛表现得最好，他一直都在认真搬竹梯，没有到处乱跑。"

**教师思考：**

整理收纳不仅是一次游戏的收尾，更是为下一次户外体育活动的顺利展开奠定了坚实的基础和条件。经过发现、讨论、计划、实施、验证、调整、回顾以及再次实施等过程，幼儿成功地解决了竹梯的搬运问题，在学习体验中不断发现与收获，并最终获得较大的满足感。

# 三、课程反思与收获

每一次意想不到的小事件，都是一次宝贵的教育契机，无论是探索竹梯玩法，还是游戏结束后搬运竹梯，这些游戏活动中的偶然状况，经过老师润物无声的引导，最终都落在了幼儿的兴趣点上。从外在的行为迁移到内在的思考，聚焦每一个幼儿的成长，强调幼儿自主性。在未来的教育过程中，老师将始终扮演引导者、观察者和支持者的角色，继续鼓励幼儿勇敢地去探索和学习，让那些曾经的"麻烦"不再是困扰，而成为幼儿成长道路上的宝贵财富。

在深入反思的过程中，老师也意识到一些不足之处。例如，老师在引

导时所采用的方法较为单一，生成式活动的内容延伸和调整也相对有限。老师应深入地理解以幼儿为中心的活动设计理念，丰富活动的推进和调整技巧，以便更好地支持幼儿的发展。

---

### ❯❯❯ 作者简介 ❮❮❮

黄金义，中小学二级教师，荣获2022年河池市宜州区幼儿园自制教玩具比赛一等奖。

麦小艳，中小学二级教师，荣获2022年河池市宜州区幼儿园自制教玩具比赛一等奖。

# 多变的轨道

文 / 韦丽莎　张晨璐

## 一、课程故事起源

　　为了让幼儿了解各类圆形物体的滚动原理，老师曾组织"有趣的滚动"集体教学活动。在随后的区域游戏环节，几个幼儿巧妙地将两张桌子间的缝隙作为轨道，让滚珠从一端滚向另一端。然而，在游戏的过程中，他们发现滚珠有时会脱离"轨道"，滚到其他地方，便提出了"为什么滚珠会脱离轨道呢？""滚珠为什么总是滚到旁边去？"等疑问。

　　出于对幼儿好奇心和探索天性的尊重和保护，为鼓励他们勇敢地追求真理，于是，老师与幼儿一起开启了关于"轨道"的探索之旅。

幼儿将桌子缝隙当成轨道

幼儿用篮子接住滚珠

# 二、课程故事实施

## （一）初搭轨道

经过讨论，幼儿发现滚珠脱离轨道的原因可能是缺少一个正式的、稳固的轨道来支撑滚珠。于是他们开始尝试利用各种材料来搭建一条轨道。

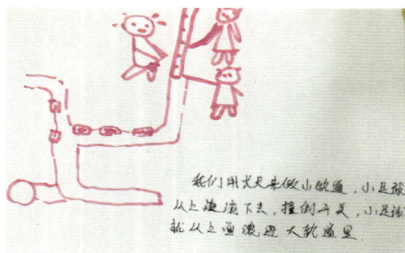

计划用长尺和积木来搭建轨道

设计可以拐弯的轨道

为了保证轨道的稳固性，他们用小积木堆砌出一条轨道路线，并在中间设计了一个特别的"山洞隧道"。幼儿迫不及待地用滚珠进行了测试，结果却出乎他们的意料：滚珠还没有滚到"山洞隧道"就已经从轨道上滚落下来。

这究竟是怎么回事呢？原来是因为轨道的两边没有东西遮挡。于是幼儿立即行动起来，利用塑料积木给轨道的两侧搭建起防护围栏。最终，滚珠顺利穿过了"山洞隧道"，并通过了所有轨道。

尝试利用小积木搭建轨道

在轨道两边加上围栏

**教师思考：**

区域游戏时间，幼儿自发地投入轨道搭建和滚珠游戏中。他们能够有序地进行小组计划，并且按照计划精心地搭建起各自负责的轨道。

在游戏的过程中，幼儿展现出惊人的创造力和解决问题的能力。当发现小球意外掉落时，他们能够迅速找到问题所在，并及时解决。在游戏回顾环节，老师与幼儿共同分享游戏心得，进一步激发了幼儿对更多玩法的好奇心。老师鼓励幼儿积极讨论，期待在未来的游戏中发现更多精彩的创意。

## （二）形状多变的轨道

在回顾分享的环节中，幼儿畅想更多的轨道创意玩法，于是他们开始绘制各式各样的轨道设计图，并选择了各种材料在建构区进行实践。部分幼儿能够巧妙地利用麻将设计出蜿蜒曲折的轨道。而另一些幼儿将麻将、小积木和塑料积木结合，搭建出一个能够拐弯的轨道；还有的幼儿则运用了长短不一的长尺来搭建轨道。随着建构区气氛逐渐升温，大家开始相互合作，共同享受这个充满乐趣的游戏过程。

**教师思考：**

通过游戏回顾环节，老师成功地激发了更多幼儿对轨道游戏的兴趣，进一步推动幼儿轨道游戏的深入发展。令人惊喜的是，在轨道搭建的过程中，幼儿能够自由选择不同的材料，设计出各式各样的轨道造型，轨道的距离越来越长，方向变化也越来越多。幼儿多样化的轨道设计作品充分展示了幼儿学习过程中相互启发、相互促进的特点。

## （三）畅玩斜面轨道

### 1. 初搭斜面轨道

幼儿的轨道游戏正在如火如荼地进行中。

　　天音："每次都要用手去滚球，球才能在轨道里滚，有没有什么轨道是把球放上去，球自己就滚了？"

　　宸宇："做一个像滑滑梯一样的轨道，球就自己滚下来了。"

　　宸宇的建议得到同伴们的一致认同，他们立即行动起来。皓宸负责搭建装置，他找来一根长积木，并将其一端垫高，接着将球放置在积木较高的一端，球体自动沿着积木向低处滚动。

　　皓宸："我们成功了！你们看，在滑滑梯一样的轨道上，球就自己滚下去了。"

　　天音："可是轨道也太短了，一会儿就到底了。"

　　大家再次在教室寻找更合适的搭建材料。此时，天音发现琪琪正在专心致志地摆弄着卷尺，他兴奋地向身边的小伙伴们提议："我们一起用卷尺来试一下吧，卷尺拉长后的形状是不是很像一条长长的轨道？"

　　天音将卷尺拉长，把一端放在地上，对宸宇说："宸宇，你能把卷尺稍微抬高一点儿吗？把它变成一个滑梯。"阿洋拿起一个玻璃小球，放在卷尺做成的轨道上，轻轻松手，小球便快速地滚到地面。接着，宸宇拿来一个小篮子，将卷尺的一头卡在篮子的边缘。这一次，玻璃小球成功地滚进了篮子里。幼儿在斜面轨道上玩得不亦乐乎。

用积木垫高，球自动在轨道上滚动　　　　尝试用卷尺搭建滑滑梯轨道

## 2. 玩转斜面轨道

### （1）不需要用手拿的斜面轨道

玩了一阵后，抱怨的声音出现了。

> 小欧："我一直抬着卷尺，手太累了，能不能换一个人来抬？"
>
> 天音："我们能不能拿个什么东西来垫在卷尺下面，这样就不用一直用手抬着它了。"
>
> 皓宸："我们可以拿一个大积木垫在卷尺下面。"

幼儿纷纷提出了自己的建议，如使用椅子、小篮子等。每个人都坚信自己的提议是最佳的，于是大家陷入了长时间的讨论和商量中，最终方案迟迟无法确定。

就在这时，天音转过头来，向一直在旁边观察的老师询问："老师，你认为哪种材料最合适呢？"

老师没有着急给出答案，而是启发道："你们的想法都很好，为什么你们不去试一试呢？这样不就知道哪个材料才是最合适的吗？"

幼儿提出的可用来垫高轨道的材料

于是，幼儿开始分组验证各自的想法。经过一系列的实验，他们终于发现了有效的解决方案：将卷尺的一端放在玩具柜或凳子上，并用较重的

物品固定住，这样卷尺就不会自动收回。同时，卷尺的另一端也必须被固定在物体上，这样就不需要有人一直扶着卷尺了。

天音小组用柜子垫高轨道　　　　宸宇小组用椅子垫高轨道

### （2）加长版斜面轨道

此时天音又取出两根卷尺，提议道："要不我们做个加长的轨道吧！"于是，他们将三根卷尺拉伸开来，搭成一条长长的轨道，一端搭在桌面上，中间借助圆柱形的小积木作为支撑，后端则由小篮子接住。但游戏中却出现了意料之外的状况：当玻璃珠滚至半途时，整个轨道突然坍塌。幼儿备受打击，脸上都露出了失望的神情。

天音小组尝试用卷尺连接轨道

为什么轨道会坍塌呢？幼儿开始反思这次失败的原因。

> 天音："会不会是我们搭建的轨道太长了？"
>
> 皓宸："是不是我们的玻璃珠太重了？"
>
> 嘉良："会不会是我们的卷尺太软了？"
>
> 听到嘉良这么说，天音赶紧用积木搭了两座高塔用来支撑卷尺。再试一次，可珠子滚到一半，轨道还是塌了。
>
> 沫沫："是不是这个高塔太小了，不够稳？"

为了验证这个猜想，他们将两张小椅子放置在长形轨道的中间作为支撑。然而，就在珠子滚向第二条轨道的那一刻，高塔还是倒塌了，连带着第三条轨道也随之坍塌。幼儿看着眼前的一切，眼里充满了失望和悲伤。随后，尽管他们又尝试了各种方法，但都以失败告终。

正当老师犹豫是否应该介入他们的游戏时，冠丞突然向天音提出："不然我们把这条轨道移动一下，让它变成长的双轨道也可以呀。"听到这个建议，天音立即行动起来，他将第二条轨道与第一条轨道紧密地并排在一起。就这样，原本单一的轨道变成了一条长形的双轨道。现在，不仅玻璃珠可以在上面自由滚动，甚至乒乓球也可以在上面畅通无阻。幼儿为双轨道的成功改造感到无比欣喜。在游戏回顾环节，幼儿以绘画的方式将他们今天的游戏经历详细地记录下来。

天音小组设计的连接轨道

宸宇小组用椅子垫高双轨道

**教师思考：**

随着游戏的深入，幼儿对游戏的理解也日益加深。他们开始思考如何设计一个轨道，让玻璃珠能够自由滚动。他们结合自己的实际经验，将轨道设计得如同滑滑梯一般，让球在其中自由滚动。从初次发现斜面轨道的秘密，到成功搭建双轨道，幼儿已经在实践中掌握了斜面的概念。

幼儿凭借敏锐的观察力，发现并利用身边的材料进行创新和挑战新的玩法。通过与同伴的讨论、合作，尝试不同的轨道游戏，体验成功的喜悦。在回顾的过程中，老师与幼儿分享了宸宇他们利用斜面轨道的案例，让幼儿了解了在斜面上物体能够从上往下自由滑落的现象及其原理。

幼儿获得科学经验和进行科学学习的过程虽然复杂，但通过游戏，幼儿能够亲身感受并理解斜面的意义。为此，老师投放了长尺、大型积木等材料供幼儿操作，期待他们能带来新的惊喜。

## （四）十字轨道

幼儿的轨道游戏还在继续，一次，天音走到老师的旁边，问道："老师，卷尺不能弯曲，那我们能不能搭建一座十字轨道？"

老师："为什么你会想搭建一座十字轨道？"

天音："因为我在电视里看到了立交桥，所以我想搭一座十字轨道。"

老师："你可以把你的想法告诉搭建小组的小伙伴，听听他们的看法。"

于是，天音召集了小组成员，将自己的想法分享给他们。在确定目标后，幼儿立即行动起来。得益于之前搭建轨道的经验，他们开始有序地分工合作。

首先，他们绘制了十字轨道的设计图。接着，有人负责寻找材料，有人负责实际搭建。皓宸利用大椅子和小椅子来支撑卷尺，使两把卷尺交叉在一起。然而，天音觉得由于教室的空间有限，导致十字轨道的长度不够。

这时，沫沫提出了一个奇妙的建议：可以将轨道穿过窗户，延伸到窗外，从而延长轨道的长度。

在十字轨道的搭建过程中，幼儿发现了棘手的问题：轨道交接处总是需要一个人来扶着，同时，玻璃珠滚动下来时还会被卡住，接着就会掉落下来。尽管幼儿想了很多办法，但都没有成功。

老师走到幼儿身边，提出了一个建议："能不能试一试把这个接头位置连接起来呢？"

天音和皓宸迅速从美工区取来了纳米胶和剪刀，开始用纳米胶将两个卷尺的接口处进行连接。然而，尽管他们努力尝试，玻璃珠在滚动到接口位置时仍然会掉落。

> 这时，嘉良灵机一动，他提出了一个大胆的想法："老师，我们是否可以将两个卷尺接头的位置剪断呢？"
>
> 老师："你们可以试一试，可是卷尺这么硬，怎么剪掉呢？"
>
> 嘉良："我们想找海波叔叔帮忙剪掉，他一定有很多工具。"

在得到老师肯定的回应后，幼儿欢欣鼓舞地请了海波叔叔帮忙。应他们的请求，海波叔叔将两个卷尺的接口剪去。接着，幼儿运用纳米胶将卷尺剪断的两端黏合在一起，使得玻璃珠终于能够平稳且安全地在轨道上滚动。在幼儿的共同努力下，他们精心设计的十字轨道终于大功告成。

幼儿设计的立交桥轨道

幼儿用纳米胶连接卷尺

幼儿请海波叔叔帮忙

十字轨道完成

**教师思考：**

　　基于前期丰富的搭建经验，结合已获取的知识，幼儿的想象力被激发。幼儿凭借自己的创造力，搭建出一座十字轨道。在老师的引导和同伴的帮助下，他们克服重重困难，最终成功地完成了这个作品。

　　幼儿的空间意识和解决问题的能力得到了显著提升，想象力和动手能力也得到了进一步的发展。

　　幼儿对轨道游戏的热情还在持续，他们把轨道从教室搬到了操场上。在操场上，幼儿利用竹梯、拱门、木板、安吉箱等丰富多样的材料，开始了别开生面的轨道搭建游戏。他们让小足球在各种轨道上欢快地穿梭。得益于前期轨道游戏的丰富经验，幼儿园的操场上很快便搭建出各式各样的轨道，仿佛一个迷你版的铁路世界。幼儿围绕着这些轨道，欢呼雀跃地与同伴们分享着轨道游戏带来的喜悦。

幼儿利用各种材料搭建轨道

操场上各种各样的轨道

# 三、课程反思与收获

## （一）老师的收获

### 1. 建立幼儿发展观，观察幼儿，及时支持

幼儿在前，老师在后。在幼儿的世界里，老师并非主导者，而是观察者和引导者。他们像一只隐形的手，静静地陪伴着幼儿自由探索，而这种探索充满了惊喜和新奇。老师常常会惊讶地发现幼儿的创新力和想象力远超老师的想象。

老师需要用一种发展的、动态的视角来看待幼儿的成长，给予他们自主成长的空间和机会，让他们在实践中学习和感悟。老师要基于幼儿的实际经验水平，支持和引导他们从现有的水平向更高的水平发展。

### 2. 放手让儿童体验，顺应需求

在活动开始之前，老师已经设定了一个目标：引导幼儿初步理解物体的滚落轨迹与轨道结构之间的关系。然而，老师发现幼儿的兴趣主要集中在轨道上，他们对缓冲现象的关注也仅仅是为了避免轨道松动。因此，老师及时调整自己的教学目标，跟随幼儿的游戏需求，转而关注轨道的稳定性问题。根据幼儿的需求，老师灵活调整教学材料，以确保他们的游戏能够顺利进行。

### 3. 放手让儿童探究，适时回应

在活动中，老师坚持以细心的观察和适时的回应作为指导原则。当幼儿在切割材料时寻求帮助，老师毫不犹豫地伸出援手；当幼儿在固定轨道上遇到困难时，老师及时跟进并提供必要的支持；当幼儿有新的构想却无法实施时，老师给予他们关键的点拨和引导。

及时给予鼓励，肯定幼儿的努力，让他们有足够的自由去探索和实践自己的创新想法。同时，为幼儿搭建一个分享平台，让他们有机会分享成功的喜悦。通过这样的方式，幼儿积累了更多的实践经验，也激发了他们

自主推动游戏开展的积极性。

## （二）幼儿的收获

### 1. 在"做中学，玩中学"

在轨道游戏中，幼儿通过搭建各种各样的轨道，不仅提升了自身的建构能力和想象力，同时也在游戏中锤炼了解决问题和与同伴合作的能力。此外，他们还对斜面的概念有了更深入的理解，从而增强了自身的空间认知能力。

正如张雪门所言："唯有从行动中所得到的认识，才是真实的知识；从行动中发生的困难，才是真实的问题；从行动中所获得的胜利，才是真正制驭环境的能力。"幼儿在"做中学，玩中学"，通过游戏的方式，实现了知识的积累和能力的提升。

### 2. 提升了发现问题、分析问题、解决问题的能力

在现实生活中常常会遇到各种问题情境，对于幼儿来说，这些问题情境正是激发他们自主探究学习的最佳契机。以轨道固定不牢的问题为例，幼儿通过使用工具调整轨道，以缓冲玻璃珠的冲力，成功地将生活中的经验迁移到游戏中，解决了轨道固定的难题。

在这个过程中，幼儿不断地发现问题、寻求对策并解决问题，循环往复地推进轨道游戏。这样的经历不仅让幼儿在玩耍中提高了问题解决能力，还培养了他们的动手实践能力和创新思维。

### 3. 培养了耐心坚持、自主创新的学习品质

整个游戏过程中，幼儿极富耐心，一遍遍地试错，不断地调整轨道的搭建，保证每条轨道衔接准确，并最终让小球能顺利滚落到目的地。面对轨道的制作和固定等问题，幼儿积极寻找对策，培养了大胆创新的良好品质。生活中常见的纸杯、罐子、豆子、无纺布等材料，在他们的奇思妙想下混搭出各种轨道游戏，玩出了新花样。

### 4. 增强了协商、分工、合作等与同伴交往能力

幼儿协同配合，共同设计轨道，并与同伴分享自己的新经验。同时，幼儿在轨道游戏中不仅能制定规则，也能遵守规则，在表达自己的意见时，也尊重别人的见解，进一步增强了与同伴交往的能力。

────❖❖ 作者简介 ❖❖────

韦丽莎，中小学二级教师，参与"幼儿园离园活动的组织与研究"等课题，曾获2020年河池市宜州区教育系统"优秀教师"称号。

张晨璐，中小学二级教师，荣获自治区教师技能大赛一等奖、河池市教师技能大赛一等奖。

# 陀螺转噜噜

文 / 玉成玲　罗英娴

## 一、课程故事起源

在刘三姐文化童趣体验课程的组织建设过程中，老师深入挖掘并利用民间游戏资源，组织了"编花篮""跳皮筋""盲人摸人"等特色民间游戏。在户外活动时，幼儿常常三五成群地自发组织游戏。然而，老师近期观察到幼儿的户外游戏热情似乎有所下降。

原来，幼儿园的器械区新添置了一项新的玩具——陀螺。这个新奇的玩意儿立刻吸引了幼儿的目光，他们纷纷围上前去，探索着如何玩这个玩具。

在一旁的乐童兴奋地说："我在电视上看过这种陀螺，它真的很神奇。"馨语则补充道："我哥哥的陀螺和这个不一样。"幼儿围绕着陀螺展开了讨论。

看到幼儿对陀螺的热情，老师决定顺应他们的兴趣。于是，布置了一个任务：鼓励家长与幼儿一起探索陀螺的玩法和技巧。

# 二、课程故事实施

## （一）初识陀螺

几天后，班里的空地上放置了形态各异的陀螺：有五颜六色的陀螺，有能发出悦耳歌声的陀螺，有需要抽拉才能旋转的陀螺，有内置发射器的陀螺，还有形似手枪的陀螺……幼儿兴奋地介绍着他们心爱的玩具。

彩色陀螺

抽拉陀螺

发射陀螺

木质陀螺

彬彬满怀自豪地说："我带来的是彩色陀螺，一扭它，它就会转起来。"说着，他用力扭动陀螺轴，陀螺立刻飞速转动起来，彩色陀螺绚丽的色彩让其他幼儿连连惊叹："哇！太神奇了！"

魏然:"我的是用木头做的大陀螺,我爸爸教我,先用绳子缠绕在陀螺上,然后一只手握住绳子,另一只手将陀螺固定在地上,接着松开按住陀螺的手,同时握住绳子的手快速拉扯,等缠绕在陀螺上的绳子松开后就可以'鞭打'陀螺了。"

铭铭:"我的是发射式陀螺,只要发射,陀螺就能在地上转动起来。"

涛旭:"我的陀螺是有一根细细的绳子,把绳子拉一拉,陀螺就能转动起来了!"

借此机会,老师向幼儿介绍了传统陀螺的样子。这种陀螺通常是由木头制成的,需要用一根鞭绳用力抽打陀螺,因为力的作用使其旋转起来,所以,民间俗称为"打陀螺"。

打陀螺是部分少数民族地区的传统体育活动,随着时代的变迁,陀螺的样式和玩法也在不断更新,但是流传下来的民间玩具仍然值得挖掘和传承。

**教师思考:**

通过细致观察各式各样的陀螺,并鼓励幼儿介绍他们带来的陀螺的名称和玩法,幼儿逐渐理解到每一种陀螺都有其独特的玩法。这种发现过程不仅激发了幼儿对陀螺的喜爱,也培养了他们的探索精神和求知欲。

## (二)玩转陀螺

幼儿被各式各样的陀螺吸引,在餐后时间和区域游戏时间,选择自己心仪的陀螺进行探索。通过不断实践,幼儿逐渐掌握了各种陀螺的玩法,并发现了陀螺背后的小秘密。同时,他们也提出了一些疑惑。

幼儿在餐后时间探索陀螺　　　　幼儿在区域游戏时间玩陀螺

韩宇："陀螺为什么可以旋转起来呢？"

睿睿："因为陀螺有一个大大的身体，可以让它转起来。"

浩南："因为它的底部是小小的、尖尖的。"

宇宇："陀螺的上面大，有点儿重，下面轻。"

天铭："我发现了，陀螺转动的时候，看上去是圆形的。"

　　幼儿通过直接观察，初步了解了陀螺的基本结构特征——上重下轻、上大下尖。通过讲解简单的科学原理和构造，老师引导幼儿进一步研究了陀螺旋转背后的奥秘，这不仅激发了他们的好奇心，也充分调动了他们主动探索的科学精神。

### 教师思考：

　　幼儿对旋转的陀螺有着浓厚的兴趣和强烈的好奇心，在这种内在的学习动机驱使下，他们能够全神贯注地围绕陀螺进行持续的探究。最初目标是让陀螺旋转起来，然而，遇到如何让陀螺旋转得更快、更久等问题，要找到答案，就需要不断地观察和实践，幼儿才能形成自己的内在经验。

因此，关于陀螺的外形构造及其旋转原理，老师并没有直接告诉幼儿，而是让他们自己去发现，经过积极思考、交流讨论、调整方法，来掌握有关各种陀螺的知识，这正是在解决问题的过程中积累经验、构建新知的过程。

# （三）自制陀螺

经过一段时间的陀螺游戏，幼儿的热情并未减退，反而萌生出亲手制作陀螺的想法。基于幼儿的兴趣，老师决定引导他们开始这场关于自制陀螺的探索之旅。

## 1. 自制陀螺一：条形插塑陀螺

小艺："玩了很久这种陀螺，我们来做个不一样的陀螺吧?"

浩轩："制作陀螺要用什么材料呢?"

晓彤："我们一起到教室里找找，看看有什么可以用来做陀螺。"

在教室的一角，三名幼儿开始寻找制作陀螺的材料。浩轩首先捧来一篮塑料插塑玩具，他把两个条形玩具拼接在一起，当他将这个新作品放在桌面上旋转，结果发现它转动得又快又稳。"看，这就是我做的陀螺，和他们带来的陀螺转得一样快!"浩轩自豪地说。其他幼儿立刻被吸引过来，他们纷纷仿效浩轩的方法，开始尝试自己动手制作陀螺。

看到幼儿都选择了两个条形插塑玩具后，老师拿起三个条形插塑玩具在幼儿旁边尝试拼接。

浩辰："老师，三个插塑玩具能做陀螺吗? 我也试一试!"

轩轩："可以的，但是要三个一样长的材料组合起来转得才快，我刚刚试过了。"

卓航："看，用三条一样长的插塑玩具做陀螺的话，我把它们拼插在第一个孔。"

老师："你为什么都插在第一个孔呢？"

卓航指了指自己拼插的陀螺，自信满满地说："只要让这三个玩具一样长，陀螺就能转起来！"

浩辰听到同伴的讲解，迅速行动起来。他取出三根玩具棒，尝试着其他的组合方式。不久，他将这三根玩具棒用中间的孔洞进行拼插，兴奋地向老师展示："看，我的陀螺外形就像家里的吊扇一样。"幼儿用这些条形玩具创造出各式各样的陀螺，每一个都充满了童真与创意。

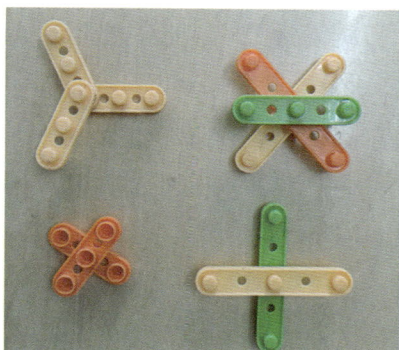

插塑玩具　　　　　　用条形插塑玩具做的各种陀螺

在游戏回顾的环节，老师邀请了全体幼儿共同来欣赏这几名幼儿制作的陀螺。接着，鼓励几位创作者向大家分享为什么他们可以用插塑玩具制作出如此生动、有趣的陀螺。

浩轩："因为这个玩具下面有个点点，就像陀螺的尖角。"

卓航："还要一样长，不平衡不能转起来。"

**教师思考：**

在制作陀螺的过程中，幼儿发现陀螺在旋转时需要保持平衡。为了验证此发现，幼儿开始尝试调整陀螺转臂的长度，使其保持一致，并将旋转轴放置在最中间的位置。这些看似微小的调整，实则蕴含陀螺旋转最核心的科学原理。幼儿在玩中学习，获得了丰富的直观认知经验，感受着收获知识的喜悦。

幼儿在自制陀螺时对材料的选择似乎有些单一，为了丰富他们的既有经验，老师计划引导他们尝试使用其他形状的玩具来制作陀螺。老师通过减少材料筐中条形玩具的数量等方法，激发幼儿尝试使用其他形状的玩具来制作陀螺。

### 2. 自制陀螺二：U 形插塑玩具陀螺

第二天，幼儿满怀期待地准备继续陀螺制作。然而，当他们打开材料篮时，却发现条形玩具的数量已经所剩无几。面对这一情况，他们不得不做出改变，将原本的陀螺拆解开来。这时，景逸提出了一个新的想法，他建议尝试使用材料篮中的 U 形玩具进行替代。

浩辰："我用两个黄色 U 形玩具，做一个椭圆形的陀螺。"

欣然："我也用两个 U 形玩具做一个和你不一样的开叉的陀螺。"

韩楠："你们都用两个，我用三个试试吧。"

浩辰首先用黄色 U 形玩具制作完成了一款独特的陀螺。这一举动引发了其他幼儿的模仿，大家制作出各种以 U 形玩具为基础的陀螺。这些陀螺在构造上有所不同，有的由两条 U 形玩具组成，有的则由四条 U 形玩具拼接而成。陀螺的颜色也呈现出多样性。不同色彩的对比和碰撞，使得每一款陀螺都独具特色。

最后，几名幼儿自豪地展示他们的作品，沉浸在成功带来的喜悦之中。

通过自己不懈努力，完成了从无到有的创造，收获了满满的成就感。

用 U 形玩具做的陀螺

**教师思考：**

　　在条形插塑玩具供不应求的情况下，幼儿开始尝试使用 U 形玩具制作陀螺。通过亲手操作，不仅证实了 U 形玩具具备制作陀螺的可能性，还能创造出各种造型和颜色的陀螺。这种以 U 形玩具制作陀螺的活动，不仅拓宽了幼儿的认知视野，同时也进一步点燃了他们的探索热情。在自发组织的探索活动中，幼儿充分体验到探索和发现的乐趣，并深刻理解到轴对称是陀螺旋转的关键原理。

### 3. 自制陀螺三：圆形插塑玩具陀螺

　　区域游戏时间，越来越多的幼儿加入陀螺游戏中。很快，条形、U 形玩具就被用完了，一直被冷落的半圆形玩具终于被启用了。

　　卓航精心挑选出三个绿色的半圆形玩具，准确地找到了它们的中心孔洞。他将这三个半圆形拼插在一起，最后让它们分别朝向三个不同的方向。瞬间，陀螺开始旋转起来！梓文也不甘示弱，他用四个橙色的半圆形玩具制作出了一个全新的陀螺。彦儒则从众多玩具中挑选出两个黄色和两个橙色的半圆形玩具，将它们组合成了一个独特的"8字"陀螺。就这样，幼儿用这些半圆形玩具又制作出各种形状和颜色的陀螺。

半圆形插塑玩具制作的陀螺　　　　　　　幼儿正在拼插陀螺

　　随着幼儿不断深入探索，班级中陈列出各种各样的陀螺作品。这些陀螺不仅材料各异，造型也各具特色，如雪花片陀螺、插塑玩具陀螺等，教室瞬间变成了一个充满童趣和创意的陀螺展览厅。

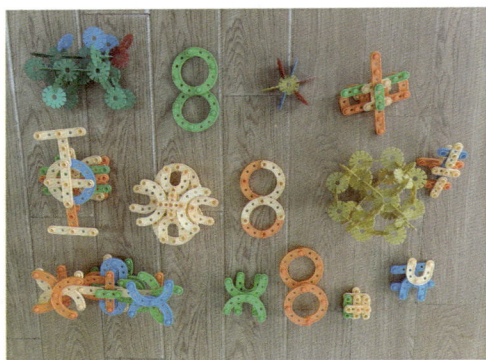

各种各样的陀螺

**教师思考：**

　　随着幼儿开始尝试使用各种形状的插塑材料，陀螺的造型逐渐丰富多样，这充分展示了幼儿丰富的想象力和较强的动手能力，他们不断地挑战自己原有的认知经验。从另一个角度看，制作陀螺的过程也说明了生活经验对幼儿的重要性。"8"字创意陀螺的出现，是因为与"8"相关的事物都曾出现在幼儿的日常生活中，成了他们的生活经验。而在制作陀螺和为陀螺命名的过程中，这种生活经验得到了迁移和再现。

### 4. 自制陀螺四：不同材料的陀螺

当一篮的插塑玩具用完，老师认为自制的陀螺游戏就要结束的时候，一个声音让其他幼儿有了灵感："没有这种插塑玩具了，我们可以用纸来试试看呀。"原来，韩宇想到了新主意！韩宇的话给了幼儿提示，大家都想去试一试。

> 宇宇："我用美工区的卡纸和黏土试一试。"
> 航彦："我想用纸杯来做。"
> 伊宁："教室里有瓶盖，还有牙签，我就用它们来试一试。"
> 媛媛："我们做不一样的，到时候比赛看谁的陀螺最厉害。"

幼儿以小组合作的形式开始积极地寻找制作陀螺所需的材料，然而，他们不可避免地遇到了一些挑战和问题。

**（1）问题一：怎样才能剪出圆形的陀螺面**

宇宇取出一张硬卡纸，用彩笔精心绘制了一个大圆形作为陀螺的底座。然而，他对自己手绘的圆形并不满意，于是向媛媛寻求帮助。媛媛发现教室里有许多圆形的物品，如盘子、瓶盖和积木等，于是她随手拿起一个圆形物品，用笔沿着轮廓描绘，然后再小心翼翼地剪出了一个圆形的底座。其他幼儿也纷纷效仿，开始寻找合适的圆形物品来制作陀螺。

宇宇制作陀螺　　　　　　　硬卡纸制作的陀螺

（2）问题二：陀螺的轴易松动怎么办

小艺利用纸杯底部制作了一款纸杯陀螺。然而，用牙签作为轴心，结构较为脆弱，转动几下便出现了破损的情况。面对这一难题，媛媛迅速提供了解决方案，利用双面胶固定了陀螺的轴心，使其恢复了正常转动。韩宇则采用了另一种方法，他用手工胶泥来固定牙签陀螺轴，牙签就不再晃动，保证了陀螺轴心的稳定性和持久性。

纸杯陀螺

用瓶盖制作的陀螺

**教师思考：**

　　幼儿在制作陀螺的过程中，能够敏锐地察觉到自己制作的陀螺轴心易松动，主动寻求解决方案，比如使用黏土或双面胶进行固定。

　　对于"为什么自己的陀螺无法顺利旋转？""哪种材料制作的陀螺最具优势？"这样的问题，幼儿的好奇心和探索欲望被充分激发。幼儿以自己的方式对这些问题进行持续探究。在这个过程中，幼儿不仅完成了科学的探索过程，还在与各种材料的互动中，对材料的特性有了更深入的理解。

## （四）赛陀螺

插塑玩具拼接陀螺、硬卡纸陀螺、瓶盖陀螺、纸杯陀螺等不同类型的陀螺都被一一制作出来，幼儿骄傲地展示着自己的作品，每个人都想争夺

"最厉害陀螺"的称号。于是，有人提出了一个建议——举办一场"陀螺大赛"。那么，这场大赛究竟该如何进行呢？谁又能成为最终的胜利者呢？幼儿开始讨论了起来。

子怡："比一比谁的陀螺转的时间长？"
韩楠："两个陀螺对撞，看谁的陀螺更厉害？"

最终，大家通过举手表决，确定了比赛规则，即谁的陀螺转的时间最长为胜者。

在第一轮比赛结束后，幼儿意识到插塑玩具拼接的陀螺虽然持续旋转的时间更长，但在与其他陀螺相互碰撞时，却极容易被撞散。因此，他们决定将参赛者调整分为两组：插塑玩具拼接组和自制陀螺组，两组分别进行比赛，然后每组选出最优秀的选手，再进行决赛。最终，通过比拼陀螺的牢固程度和旋转时长来确定冠军。

插塑玩具拼接组

自制陀螺组

最终，由瓶盖制作的陀螺获得了最后的胜利。幼儿也发现，陀螺的旋转持久度并非一成不变，而是受到制作材料、陀螺自身重量以及陀螺轴尺寸等多重因素的影响。

**教师思考:**

幼儿从最初的举手表决,到后续的分组比赛,这一切都是他们自主推动的,老师以观察和倾听为主,给予幼儿充分的信任和自由,坚信他们有能力自行解决问题。适度放手有助于培养幼儿自主解决问题的能力。

# 三、课程反思与收获

## (一)发现幼儿的兴趣点,让兴趣助推活动

活动源于幼儿对陀螺的喜爱,这份热情使他们在相当长的一段时间内,能持续投入陀螺游戏的探索中。在游戏的过程中,幼儿亲手制作各式各样的陀螺。每一次活动,幼儿都能基于前一次的经验进行更深入的研究和探讨,探索过程中也并未受到老师的直接指导或干预,完全由幼儿自主完成,这也让老师深深感受到兴趣的力量。

## (二)给予适当支持,让活动顺利开展

在对幼儿的观察和倾听中,老师能准确判断他们的成长阶段,并适时地提供支持与引导。在此次活动中,支持幼儿使用条形插塑玩具制作陀螺,然后是 U 形插塑玩具,再到半圆形插塑玩具,最后是更多其他材料制作的陀螺,这一系列的步骤都是为了帮助幼儿突破原有的认知边界,获取全新的体验。

为了支持幼儿深入探索,最后设计了"陀螺大比赛"的游戏环节。在游戏中,老师提出一些启发性的问题,引导幼儿思考和分享自己的经验。游戏结束后,老师对幼儿的想法给予肯定和赞赏,以此激发他们的自主探索精神,帮助幼儿在情感、认知和能力等多方面得到全面发展。

## （三）提供后续支持，让活动更丰富、有深度

在这些活动中，老师欣喜地观察到幼儿通过迁移经验和深度探究，实现了知识的拓展和能力的提升。为了激发幼儿的深度探究和学习热情，老师计划在玩具区增设丰富多样的材料，期待在接下来的活动中，幼儿能够继续保持好奇心，享受发现的乐趣，积极交流，共同成长。

**作者简介**

玉戎玲，中小学一级教师，参与"在写生活动中培养小班幼儿口语表达能力的实施与研究"等课题，曾获2019年河池市宜州区教育系统"优秀教师"称号。

罗英娴，中小学一级教师，曾获河池市"优秀班主任"称号、河池市宜州区教育系统"优秀教师"称号，参与多项课题研究，公开发表多篇论文。

# 丢沙包，真好玩

文 / 林宝艳　沈羽

## 一、课程故事起源

　　民间游戏是中华传统文化的重要组成部分，其中许多民间游戏经久不衰，世代相传。宜州作为地域文化资源较丰富的地区，积淀了一定的传统民间游戏文化，但随着时代的变迁，越来越多的传统游戏逐渐淡出幼儿的视野。

　　随着主题活动"好玩的民间游戏"的开展，幼儿通过亲子调查和亲身体验，深入了解了各种民间游戏。在主题谈话活动中，他们兴奋地与同伴们分享自己收集到的民间游戏，如跳格子、编花绳、跳皮筋、丢沙包等。通过观察与倾听，老师发现幼儿在室内外活动中不断尝试对各种民间游戏的探索，并乐在其中。

"我知道的民间游戏"集体谈话活动

# 二、课程故事实施

## （一）第一次游戏：自主尝试，发现问题

在主题活动开展过程中，老师发现部分幼儿对丢沙包游戏的兴趣非常浓厚。在户外自主游戏时　卓然、欣然、洲洲、汤圆和子枫最先尝试了丢沙包游戏。初次结伴游戏时，幼儿遇到了很多问题。尽管看起来手忙脚乱，但幼儿对游戏规则有了初步的感知。在第一次游戏结束后，老师鼓励幼儿将玩沙包的过程记录下来。在回顾游戏时，幼儿纷纷表达了自己丢沙包游戏的初体验。

洲洲："沙包丢过来的时候，我没有注意看沙包丢过来的方向，每次都被砸到。"

卓然："我站在场地中间不敢动，很容易被沙包砸中。"

汤圆："我看着洲洲站的位置，但是我丢向卓然，他们都没反应过来，每次都砸中了。"

欣然："我一次都没有接住沙包，每次都砸到我的脚。"

子枫："距离太远了，我每次都丢不到对面，我觉得需要一个人帮忙捡沙包。"

汤圆："我要非常用力才能把沙包扔出去，但总是砸不到目标。"

在谈话活动中　老师帮助他们梳理在游戏中遇到的问题：一是对丢沙包游戏的规则和玩法不够清楚；二是投沙包的距离和方向控制不准确。

第一次尝试玩丢沙包

第一次玩丢沙包的记录

**教师思考：**

　　丢沙包，这一传统的民间游戏，不仅能够锻炼幼儿的大小肌肉动作，提升手眼协调能力，还能提高身体敏捷性和耐力，也是一项有助于团结合作，促进幼儿社会交往的活动，具有较强的教育价值。

## （二）第二次游戏：探索玩法，规则清晰

### 1. 游戏玩法大探秘

　　针对幼儿有关游戏规则的疑问，老师利用多种方式及时引导他们自主探索：鼓励幼儿与家长进行亲子合作，组织集体学习活动，帮助幼儿熟悉丢沙包游戏规则。

> 　　晨曦："必须要三个人或者更多人一起玩，两个人丢沙包，其他人躲沙包。"
>
> 　　沛沛："在场地里面的人必须来回跑动躲避沙包，不能被沙包砸到。"
>
> 　　汤圆："只要躲避沙包不被砸到，能接住沙包的也算赢。"
>
> 　　洲洲："丢沙包分两队，里面的人被砸到了就算输。"
>
> 　　卓然："站在外面的人丢向中间的人，丢中了谁，谁就下场；丢不中，在外面的人要捡起沙包继续向中间丢。"
>
> 　　欣然："在场上的人必须要及时转身，面对拿沙包的人，才会看得到沙包。"
>
> 　　卓航："有些幼儿踩到边线了，不能踩到旁边的线。"
>
> 　　萌萌："一定要快速跑，不能停在场地中间，要不然很容易被砸到。"

### 2. 制定游戏规则

　　经过分享和交流，幼儿总结出丢沙包的游戏规则：首先，需将参与者

分成两队，确保每队人数相等；其次，不能过边线后投掷；最后，当沙包被投掷落地后，对面的队友需要捡回沙包并继续投掷。

集体学习活动"好玩的沙包"

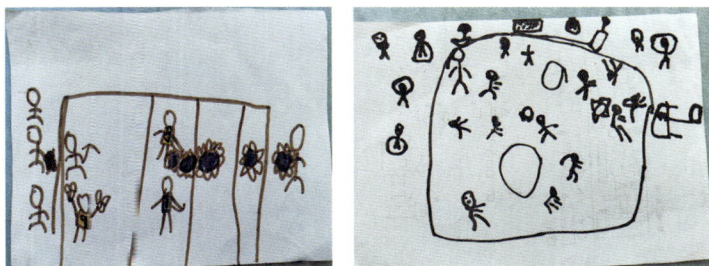

游戏规则

### 3. 开始游戏

通过集体谈话、游戏回顾和分享活动，越来越多的幼儿表达了对加入丢沙包游戏的积极意愿。在制订游戏计划时，幼儿自发地分成了两个小队，并选出了汤圆和沙洲两位队长。队长们还进行了人员的"战术"分工，并将分工绘制成图示。

在这一次游戏中，幼儿不仅对游戏规则有了更深入的了解，而且能运用制定的规则进行游戏。他们以操场上的气排球场地线为界线，按照分队进行游戏。

然而，一些问题很快出现了：由于场地过大，丢沙包的距离太远，导致无法将沙包投掷到对面；负责投掷的队员不一会儿就体力不支，无法坚持太久；由于没有专人帮忙捡回丢出去的沙包，幼儿的游戏积极性明显减弱。老师及时发现了这些问题，并暂停游戏。

汤圆："老师，我们队总是这两个小朋友'袭击'，他们到后面没有力气了，总是砸不到对面。"

子枫："我总是要跑去捡沙包，太累了。"

默默："他们捡沙包太久了，我们在场地中间要等很久。"

大辰："沙包总是掉在场地中间，我们很容易摔倒。"

老师："那怎样做，我们才能在短时间内快速拿回沙包，并能坚持久一点呢？"

洲洲："能不能多用几个沙包？两边幼儿都能拿得到。"

翼承："如果使用太多的沙包时，没有参加砸沙包的队友能不能帮捡沙包？"

老师："大家的想法真不错，但是行不行呢，我们再试试看！"

幼儿快速总结经验，采纳新的建议，便继续开始游戏。很明显，这次大家捡沙包的时间缩短了，两边的选手躲闪、丢沙包、捡沙包和攻击的速度也逐渐加快。这次游戏明显更加激烈，也吸引了其他班级的老师和孩子的加入。

分队玩游戏

其他老师和幼儿加入游戏

回到教室后，幼儿围绕第二次游戏中遇到的问题以及采取的解决办法进行了详细的回顾与记录。

晨曦："我跑得很快，把丢出去的沙包很快捡回来，传给'攻击手'，所以我们队的速度很快。"

洲洲："我在场地中间，看准丢沙包的方向，就能接住沙包。"

卓然："一定要前后看，快速躲闪，才能躲避沙包。"

子枫："我假装往别的方向扔沙包，就很快砸到对手。"

游戏回顾

## 教师思考：

通过两队对战的形式，幼儿逐渐形成了团队合作的意识，学会了在共享经验时基于问题去寻找解决策略。在游戏分享环节中，幼儿能够发现自身的问题，并通过小组讨论等方式进行整改和提升。从整个游戏过程可以看出，幼儿已具备自主发现问题、思考问题和解决问题的能力。因此，老师应该提供机会和条件，让幼儿有充分的机会去试错。

在游戏的过程中，老师通过观察幼儿的游戏行为，有意识地抓住幼儿的关注点和问题所在，鼓励幼儿主动思考和尝试，这样的做法可以丰富幼儿的游戏经验，增强他们对游戏的兴趣。

为了满足幼儿对制作沙包的兴趣，老师还引导幼儿在区域活动中制作了小沙包。

幼儿设计的沙包

在区域活动中制作沙包

## （三）第三次游戏：创意碰撞，游戏升级

### 1.再次制定游戏规则

经过几天的游戏，幼儿已经对规则和玩法了如指掌。然而，随着他们的熟练度提高，许多幼儿开始觉得游戏过于简单。为了提升游戏的趣味性和挑战性，老师决定组织一次集体讨论，让幼儿自己提出改进的建议。在这次讨论中，大家的热情高涨，纷纷提出了各种富有创意的游戏建议。

沛沛："两个人的攻击方太少了，很久都砸不到对手，可以四个人一起丢沙包。"

洲洲："我想要不同形状的场地，可不可以是三角形的场地？三个人同时扔沙包，肯定很好玩。"

正轩："我们可以用绳子围起来。"

荣腾："玩具区有跳绳、海绵棒、长板，我们可以围成三角形。"

卓然："总有砸不到的时候，我觉得游戏玩太久了。"

卓航："能不能规定时间？每次玩两分钟！"

智航："纸也可以做沙包，扔纸球。"

靖涵："我爸爸打篮球比赛的时候，有裁判，我们可以设定裁判。"

正轩："还要计时器，规定每局的时间。超过时间没砸中的人要下场，另一队的人上场。"

洲洲："不上场的幼儿还可以做啦啦队！"

汝欣："老师可以给我们做裁判，我们还需要监督员，不能踩到线外。"

幼儿求助小熊老师，一起讨论解决游戏问题

经过激烈的讨论，幼儿决定对游戏进行一些调整。首先，他们决定将游戏的场地改为三角形，每个角分别设置一个攻击手，需要在游戏开始时丢出沙包。其次，为了增加游戏的挑战性，幼儿决定将每场游戏的时长缩短至五分钟，双方队伍需要在每局的五分钟内全力以赴地进行攻防，时间一到，就换另一支队伍上场，这样的安排可以让幼儿在有限的时间内充分发挥自己的实力。最后，为了提高游戏的紧张感和竞争性，规定所有队员不能跑出场地。一旦有队员跑出场地，这名队员及其所在队伍将直接被判出局。

投票选择攻守方

幼儿设计三角形场地

## 2. 升级版丢沙包游戏

在调整了游戏规则后，幼儿开始分工协作，准备新一轮游戏，所有的队员就位，游戏再次拉开了序幕。

幼儿分为三队，用长木板在操场上围出一个三角形的游戏场地。他们身着整齐的队服，通过"石头剪刀布"游戏来决定上场顺序。幼儿热情地邀请老师担任主裁判，洲洲担任副裁判。一切准备就绪，比赛正式开始。

首先由一队发起进攻，卓然、欣然和汤圆负责主攻，而汝欣、沛沛和默默等其他五位队员负责捡沙包。与此同时，二队的智航、靖涵、荣腾、正轩等八位队员在场内严阵以待，展开防守。

随着比赛的进行，三队的队员也并未闲着，他们在场外加油鼓劲，欢呼声此起彼伏。

玩游戏决定上场顺序

用长木板围出游戏场地

分队上场丢沙包

三队的队员为场上选手加油

正轩:"丢沙包太好玩了,三个方向投掷沙包,我们速度快,投得又准。"

汤圆:"我们队配合得太好了,所以手上很快能有沙包扔出去。"

欣然:"只要用力扔,假装扔一个方向,他们就容易被砸到。"

靖涵:"我在场地里来回跑,看准沙包扔过来的方向,就能接住沙包。"

默默:"如果快速跳起来,一定不会被砸到。"

荣腾:"一场五分钟,时间太短了。"

洲洲:"是呀,下次玩,时间可以更长一些。"

幼儿的游戏热情依然高涨,每个人都全情投入,享受着欢乐与刺激的竞技时光。而丢沙包游戏也并未到此结束,幼儿将继续书写属于他们的快乐篇章。

**教师思考:**

丢沙包游戏,作为一代又一代中国人的童年回忆,如今依然在幼儿的生活中占据着重要地位。幼儿对丢沙包游戏表现出极大的热爱和坚持,老师也见证了他们面对挑战时所展现出的团队精神和解决问题的能力。随着游戏的深入,越来越多的幼儿渴望加入其中,面对人数众多、场地和游戏规则的限制,幼儿在讨论中学会了协商分工,不断调整游戏玩法和规则,共同解决难题,创造出民间游戏的新玩法。

# 三、课程反思与收获

## (一)游戏的价值

活动的开展需充分考虑幼儿的兴趣点以及年龄特点,需源于幼儿的生活经验,符合幼儿的兴趣爱好。丢沙包游戏深受幼儿的喜爱,幼儿可以自

由选择队友，自主探究玩法来进行游戏活动，具有一定的趣味性和挑战性。

整个活动过程是幼儿主动学习和老师引导支持相融合的过程，而丢沙包游戏也在无形中充实了幼儿园课程内容，丰富了幼儿园的课程资源，实现了幼儿在健康、语言、社会等领域关键经验与主题学习的融合，在解决问题的过程中发展幼儿的表达能力、动手能力、主动思考能力和合作学习的能力，幼儿的主动性和专注力等重要的学习品质都得到提升。在追随并支持幼儿游戏的过程中，老师的专业素养也得到了提升，家园共育工作也得到极大的促进。

## （二）反思与不足

在活动过程中，幼儿通过自己的主动探究获得了有益的学习经验，老师对幼儿游戏的精彩瞬间和过程中有价值的部分进行及时记录。例如，在每次游戏现场解决问题的过程中，幼儿之间有趣的对话、小组讨论的过程和表达方式等都值得老师关注和记录。

作为幼儿活动的参与者与支持者，同时作为课程的组织实施者和研究者，老师宜加强记录和收集，有效回顾和分析幼儿的行为表现，更好地了解幼儿在游戏中的需求，从而提出更有效的支持策略来实施主题课程活动。

### ❖❖ 作者简介 ❖❖

林宝艳，中小学一级教师，河池市优秀教师、学科中心组成员。主持或参与学前教育专业课题五项，公开发表论文比赛获奖十余篇。

沈羽，中小学二级教师，曾获2021年河池市宜州区教育系统"优秀教师"称号，获2022年校园中华经典诗文集体朗诵一等奖。

# 第四章

## 童慧"三姐家乡美"

宜州地处亚热带季风气候区，四季分明，雨量充沛，阳光充足，土壤肥沃，非常适合农作物的生长，因此，宜州的农业产业发展得非常迅速，已经成为宜州惠民增收、乡村振兴的主导产业。

值得一提的是，宜州作为中国桑蚕之乡，桑蚕养殖历史悠久，技术成熟，产量高，质量优。另外，宜州的水果产量稳定，品种多样，口感鲜美，营养丰富。宜州的食用菌（菇）产业也非常发达，特别是香菇、木耳、平菇等，口感鲜美，深受消费者的喜爱。除此之外，宜州的中草药资源丰富，种类繁多，质量优等，深受医药企业的青睐……

本章中，幼儿跟随父母和老师，走进了桑蚕养殖基地，目睹了蚕宝宝从虫卵孵化到吐丝结茧的全过程；参观了宜州当地的果园、蘑菇种植基地和中草药种植园，亲自体验了采摘水果、种植蘑菇和采挖中草药的全过程，亲身感受到了宜州各项产业带来的新生活。

# "橘"然是你

文／覃玲玲　谢毅文

## 一、课程故事起源

金秋十月，宜州砂糖橘开始陆续成熟上市。砂糖橘因其肉脆多汁，口感清甜，深受幼儿的喜爱。

园所内，一群幼儿一边津津有味地品尝着已经剥好皮的砂糖橘，一边七嘴八舌地讨论起砂糖橘来。

著名儿童教育家陈鹤琴先生曾说："大自然、大社会是我们的活教材。"于是老师抓住了幼儿的兴趣点，以砂糖橘为线索，开启了一场名为"'橘'然是你"的主题活动。在这个主题活动中，老师将带领幼儿深入了解砂糖橘的生长过程，探索其营养价值，同时也将通过游戏和实践活动，让幼儿亲身感受砂糖橘的魅力。

## 二、课程故事实施

### （一）识橘

在"认识橘子"的活动中，老师准备了一些砂糖橘，让幼儿分组观察

砂糖橘。

> 月月："砂糖橘有果皮。"
>
> 一皓："砂糖橘的果皮是橙色的。"
>
> 琳姗："砂糖橘的表皮摸起来滑滑的。"
>
> 芮可："砂糖橘里面也是橙色的。"

看到芮可剥开砂糖橘的橘皮，其他幼儿也把砂糖橘的表皮剥开，观察砂糖橘的果肉。

> 一皓："砂糖橘的果肉是一片一片的。"
>
> 智凯："里面有很多白色的'线'，像蜘蛛网一样。"
>
> 成昱："里面白色的线叫什么名字？"
>
> 意欢："我不喜欢吃这个白线，有点儿苦。"
>
> 钰芯："我妈妈说，吃这个白线对我们的身体有好处。"
>
> 芮可吃了一片果肉："你们看砂糖橘里还有小籽，是白色的籽。"
>
> 子琪："砂糖橘的种子藏在它的果肉里面。种子有绿色和白色的，小小的，圆圆的，很可爱。"
>
> 柯帆："砂糖橘吃起来酸酸甜甜的，很好吃。但它的籽一点儿不好吃，是苦的。"

幼儿已经认识了砂糖橘的果皮、果肉和果籽，然而，对于附着在果肉上的橘丝，他们的认知却相对模糊。老师并未直接告诉幼儿，而是巧妙地布置了一个小任务，让幼儿自己去探索这些白色丝线究竟是什么。

第二天一大早，幼儿一来到幼儿园就迫不及待地和伙伴们分享自己的收获。

月月："我和妈妈用手机查了，这些在果肉外面的白色线叫橘丝。"

浩浩："我也看了视频，叫橘丝。"

芮可："吃橘丝对我们的身体有好处，可以止咳。"

意欢："那我以后要连橘丝一起吃。"

**教师思考：**

　　为幼儿创造了一个自主探索、自我表达的机会，鼓励幼儿与家长一同去认识和了解橘丝。在后续的交流中，幼儿乐于表达自己的看法，得到了同伴们的积极反馈。

幼儿眼中的砂糖橘

## （二）探橘——剥皮小能手

　　一天，班级中的一名幼儿将自家果园里种植的砂糖橘拿来与大家分享。因为砂糖橘数量较多，所以老师将橘子分发给各个小组，让幼儿自己尝试剥皮。围绕剥皮方法，大家讨论了起来。

一皓："橘子皮好难剥呀！它会喷出酸水，如果汁水飞进眼睛里，感觉火辣辣的，太难受了。"

意欢："我觉得很容易剥呀，果皮一撕就下来啦！剥皮的时候要离远一点儿，不要把橘子皮的汁水弄到眼睛里就可以了。"

乾皓："橘子上面还有一小节绿色的柄，要先把绿色的这个柄扯下来，橘子就容易剥了。"

洋洋："你们扯果柄的时候要用力一些，如果能扯出一个小洞，这样就更容易剥。"

如何能将橘皮剥得又快又好呢？老师提议开展一场剥橘皮大赛，看一看谁的剥皮方法最有效。就这样，一场充满乐趣与挑战的剥橘皮大赛即将拉开序幕。比赛规则是幼儿自己挑选一个小橘子，完成剥橘皮的幼儿需立刻站起来，把自己剥好的橘子举高即为完成比赛。

"预备——开始！"随着老师的一声令下，幼儿迅速投入紧张刺激的剥橘子比赛中，有的幼儿从橘子的柄部开始剥离，有的幼儿则从顶部开始动手……

洋洋仅用30秒就完成了任务，获得了剥橘皮比赛的第一名。大家纷纷为洋洋鼓掌，并请他再次示范了一遍。在观摩学习的过程中，其他幼儿深受启发，也总结出了自己的方法。

剥橘皮大赛

**教师思考：**

幼儿与同伴们分享剥橘子的技巧，并以砂糖橘为主题进行绘画创作，描绘出砂糖橘果同和果皮的各种形态。令人惊喜的是，幼儿逐渐掌握了多种剥橘子的方法，他们的动手能力令人赞叹。

同时，值得反思的是，在之前的校园生活中，老师并未给予幼儿自行剥橘子的机会，而是让生活老师提前为他们剥好，这低估了幼儿的动手能力，也忽视了他们自我探索和自我学习的重要性。

## （三）玩橘——砂糖橘大变身

### 1.砂糖橘"搭荟乐"

#### （1）第一次尝试

吃完了早餐后，卓然来到小果篮旁边，从果篮里面拿出几个砂糖橘，他把两个砂糖橘准在了一起，并对旁边的洋洋说："你看，我堆的砂糖橘'雪人'。""我也来。"洋洋也拿了几个砂糖橘开始'搭建'。其他幼儿也纷纷开始效仿用砂糖橘进行搭建游戏。

> 洋洋把几个砂糖橘排成一排："你看，我的砂糖橘'毛毛虫'。"
> 芷玥把三个砂糖橘堆在了一起："你们看，我搭的砂糖橘'高楼'。"
> 炜珈："你搭得一点儿也不高，我搭得比你高。"
> 芷玥："我要搭得比你的还高。"

说着，芷玥又开始往上堆，可是堆到第五个，砂糖橘"高楼"就倒塌了。芷玥又试了几次，还是没有成功。这时，她的眼眶开始有些泛红，老师蹲在芷玥身旁，牵着她的手对幼儿说："我们一起来想想办法，帮助芷玥一起搭高高的砂糖橘'高楼'，好吗？"大家毫不犹豫地答应了，纷纷开始尝试。在搭建的过程中，老师还引导他们数一数使用了多少个砂糖橘。经

过一段时间的尝试，班级幼儿最多能使用五个砂糖橘完成搭建游戏。关于搭建过程中的技巧，老师邀请羽瞳来给大家介绍经验。

> 羽瞳："要用这种没有叶柄的砂糖橘。"
>
> 老师："原来羽瞳小朋友选择了没有小叶子和小叶柄的砂糖橘来搭'高楼'，这样的砂糖橘两面都很平，比较容易搭高，这是个不错的方法。"
>
> 老师继续引导幼儿观察羽瞳搭的砂糖橘"高楼"："你们看，羽瞳最下面的砂糖橘，是大的还是小的呢？"
>
> 幼儿异口同声地回答："是大的！"
>
> 老师："羽瞳搭的'高楼'还有一个特点，就是大的橘子在下面，小的橘子在上面，这可能也是一个让砂糖橘'高楼'更坚固的方法。"

### （2）第二次搭建

经过学习和总结，幼儿再次尝试用砂糖橘进行搭建游戏。这一次，幼儿都选择了两面比较平，个头比较大的砂糖橘进行搭建，这一次搭建的砂糖橘"高楼"都比第一次的高。

"你们快来看，我搭得很高！"突然听到了卓然的声音，大家都围了过来："哇！真的好高！卓然用了10个砂糖橘呢！""卓然用积木把砂糖橘固定起来了！"幼儿发现，卓然将砂糖橘放在墙边进行垒高，还把长条积木放在砂糖橘左右两边，让砂糖橘能依靠积木，不容易倾倒。

学到这个好方法后，幼儿纷纷利用积木辅助完成砂糖橘的搭建游戏。

### （3）创意搭建砂糖橘

当学会利用辅助材料后，幼儿就不满足于搭建砂糖橘"高楼"了，各种创意搭建的想法都涌现了出来。

炜珈先用纸杯搭建了一个"金字塔"，然后在每个纸杯上面放上一个小橘子，便兴奋地说道："你们看，我搭建了一个砂糖橘'金字塔'！"

幼儿利用教室里的各种材料作为砂糖橘搭建的辅助材料，最后成功制作出雪花片砂糖橘灯，纸盘砂糖橘三明治……

### 教师思考：

万物皆可作为游戏材料，普通的砂糖橘在幼儿手中化身为创意素材。老师不禁感到惊喜与欣慰：一次偶然的搭建游戏竟能激发出幼儿共同参与的热情，在游戏中相互协作、交流，创造出一个个充满创意的作品。这样的搭建游戏，不仅锻炼了幼儿的动手能力，还培养其解决问题的能力，并在一定程度上激发了幼儿的想象力。

### 2. 美味的砂糖橘果汁

早上，当意欢走到果篮旁想继续观察砂糖橘时，突然她叫道："你们快来看呀！这里有个砂糖橘坏了。"听到意欢的话，大家都围了过来，有人说："橘子放久了，是会坏掉的！"

老师："因为前期大家把砂糖橘的叶子和叶柄剥掉了，没有了小叶子和小叶柄的保护，砂糖橘很容易就坏掉了，我们还有很多没有叶柄的砂糖橘，扔掉会浪费，幼儿有没有什么好办法来处理它们呢？"

谭辰："我们可以把它们全部吃掉。"

羽瞳："我不想吃了，我昨天吃了很多砂糖橘。"

老师："那我们还可以怎么处理这些砂糖橘呢？还能用砂糖橘来做什么？"

琪琪："可以榨橘子汁，就像榨橙汁一样。"

听了琪琪的话，幼儿也都联想到了很多的美食，提出了很多关于砂糖橘的美食建议。

月月："可以做砂糖橘蛋糕，在蛋糕上面放上许多砂糖橘。"

冰冰："可以做砂糖橘水果沙拉。"

阿喆："可以做砂糖橘水果拼盘。去年八月十五我就看到用砂糖橘做的小灯笼。"

乐乐："可以做砂糖橘冰糖葫芦。"

师生一起讨论砂糖橘的处理办法

考虑到幼儿的动手能力，老师决定引导幼儿从简单的砂糖橘果汁开始尝试。如何制作果汁呢？由于经验所限，幼儿对制作果汁的方法和步骤还不太了解。为了让幼儿了解果汁的制作，老师组织幼儿一同观看了视频故事《最好喝的果汁》。通过这个故事，幼儿得以深入了解到制作果汁所需的各种材料以及详细的操作步骤。

琪琪："榨果汁需要放蜂蜜。"

冰冰："放糖也可以，不然果汁会很酸的。"

羽瞳："还需要榨汁机，才能榨果汁。"

炜珈："还要放一点儿水。"

随后，老师发布了将要制作砂糖橘果汁的通知，邀请家长与幼儿一同收集所需的工具。家长也给予了极大的支持，不仅提供了榨汁机，还准备了白糖、蜂蜜等配料。

（1）第一步：剥橘皮

幼儿分成小组给砂糖橘剥皮。他们将剥下的果肉小心翼翼地放在干净的小盆子里。不一会儿，盆中的果肉就堆积如山。

幼儿认真地剥橘皮

（2）第二步：榨汁

幼儿把剥好的果肉放在榨汁机里，很快榨汁机就被装满了。这时，琪琪说："不能再放了，放太多的话，榨汁机会转不动的。"听了琪琪的话，幼儿又将一部分的果肉从榨汁机里取了出来，随后，老师请琪琪帮忙，把常温白开水倒入榨汁机中，并加入一些白糖。

接着，老师接通榨汁机的电源，轻按开关，榨汁机便开始快速转动起来，并发出低沉而有力的嗡嗡声。此刻，有好几名幼儿拍手欢呼，激动之情溢于言表！

榨汁前的准备工作

（3）第三步：品尝橘汁

在幼儿期待的目光和热烈的讨论中，仅仅过了两分钟，新鲜的果汁就已经榨好。幼儿兴奋地拿起杯子，开始品尝这份大家共同制作的美味果汁。

幼儿一起品尝果汁

洲洲："老师，你看我喝得一点儿都不剩了。"

芮可："这个果汁酸酸甜甜的，真好喝，我还想喝一杯。"

晨溪："这是我们自己做的果汁，我第一次做果汁。"

思淇："我也喜欢喝这个果汁，比我妈妈做的橙汁还好喝呢！"

### 3. 水果拼盘

老师鼓励家长与幼儿一同探索更多让砂糖橘"变身"的方法。家长热烈响应，与幼儿一起利用砂糖橘和其他水果创作出造型各异的水果拼盘。

第二天，老师邀请幼儿介绍由他们的家庭成员共同创作的作品。

月月："我妈妈用砂糖橘、葡萄、猕猴桃做了'小金鱼吐泡泡'的水果拼盘。"

佳佳："我和爸爸一起用砂糖橘和苹果做了一个水果'小山坡'。"

乐乐："我和妈妈用橘肉拼接了一棵'椰子树'。"

洲洲："我和爷爷用砂糖橘拼成一只'小兔子'。"

圆圆："我和爸爸用果肉拼接了一只'大螃蟹'！"

欣欣："我们用牙签把橘肉串成了一棵'树'。"

幼儿和家长一起制作水果拼盘

### 4. 砂糖橘艺术作品

在后续的区域活动中，幼儿以砂糖橘为灵感源泉，掀起了一股创意的热潮。他们纷纷投入创作中，创作出了形形色色的以砂糖橘为主题的艺术作品，涵盖了绘画、剪纸画、撕贴画、纸盘画、轻型黏土等多种形式。

# 三、课程反思与收获

## （一）鼓励幼儿多观察，多思考

在这次活动中，普通的砂糖橘成了幼儿探索的焦点。从接触砂糖橘，了解其外形特征，再到了解其吃法、用法，幼儿通过直接感知、亲身体验和实际操作，逐步探索到了砂糖橘的奥秘。

在这个过程中，他们不断发现、创造和收获，而这一切都来自幼儿的细心观察与用心思考。在这个基础上，老师对幼儿进行了适时的引导，极大地激发了幼儿的好奇心和探索兴趣。

## （二）鼓励家长多参与，多沟通

老师就活动需求和难点与家长进行交流，得到了家长的热烈响应和积极配合，这种家校间的积极互动，有效地拉近了家校之间的距离，让家长了解到幼儿在班级的学习方式，感受到老师对幼儿的专业教育和引导，从而增强了对老师的信任感，也为未来的家园共育活动奠定了坚实的基础，为提升教育质量提供了有力的支持。

"'橘'然是你"活动暂告一段落，但是对于生活的探索并未停止，幼儿还会继续在生活中发现更多细微的精彩，探索更多平凡而伟大的价值。

### ►►◄ 作者简介 ►◄◄

覃玲玲，中小学一级教师，河池市宜州区"优秀教育工作者"，参与四项学前教育专业课题，曾多次荣获河池市幼儿园教师技能大赛一等奖。

谢毅文，中小学高级教师，河池市"优秀教师"，多次荣获河池市宜州区"优秀班主任""优秀教师"称号，曾参加三项地市级专业课题研究。

# 遇见蚕宝宝

文/潘秀丽　韦杏密　覃蒙瑛

## 一、课程故事起源

睿睿清明节回乡踏青时，见到了蚕宝宝。回到幼儿园，他兴奋地和同伴谈起了自己关于蚕宝宝的见闻："你们见过蚕宝宝吗？清明节我在奶奶家见到了蚕宝宝，蚕宝宝有圆圆的脑袋，一节一节的身体，像小菜虫。"

他的分享引起了大家的注意，于是大家纷纷参与到这个话题的讨论中来。

> 媛媛："我也见过。蚕宝宝的身体两边还有很多的小黑点呢！"
>
> 玥玥："蚕宝宝喜欢吃什么？它是怎样长大的？"
>
> 程程："我姨妈家也养有蚕宝宝。蚕宝宝长大后，会吐丝，结成椭圆形的蛋，我姨妈告诉说，那是蚕茧。"
>
> 毛毛："我家旁边就有一个丝绸厂，那里有很多蚕茧，人们拿蚕茧来做蚕丝被。"

幼儿对蚕宝宝充满了好奇，老师捕捉到幼儿的兴趣点，通过个别交谈

和集体讨论，发现幼儿渴望深入了解蚕的生长过程以及蚕丝的用途。为了满足幼儿的兴趣，老师充分利用宜州本地的资源，尝试将桑蚕文化融入主题活动中，让幼儿了解自己家乡宜州的桑蚕文化。

## 教师思考：

儿童天生就具有强烈的好奇心和探索欲望，这种特性在幼儿园大班的幼儿身上表现得尤为明显。他们充满好奇，善于提问，热衷于探究未知的世界。无论是大自然的奥秘，还是生活中的琐碎事物，都能引发他们的强烈兴趣，成为他们进行科学探究的生动教材。

作为"中国优质茧丝生产基地"，宜州拥有悠久的种桑养蚕历史，桑蚕业已成为宜州强区富农、惠民增收、脱贫攻坚和乡村振兴的主导产业，多家丝绸工厂坐落在宜州城西工业园。老师根据园所独特的地域优势，紧紧跟随幼儿的兴趣和好奇心，发现了"蚕宝宝"主题课程的巨大潜力。因此，决定与幼儿一同踏上探索"蚕"的奇妙旅程，旨在通过多元化的感官体验，让幼儿深入理解蚕的生命历程，同时了解宜州丰富的蚕丝历史和文化。

# 二、课程故事实施

## （一）参观蚕丝厂

### 1. 蚕宝宝亲子调查

通过与幼儿的交谈，老师了解到，幼儿对蚕宝宝的成长过程及其食物来源产生了浓厚的兴趣。为了满足幼儿的好奇心，老师决定联合家长，共同开展一场亲子调查活动。

首先，经过精心挑选，老师将《你好，蚕宝宝》《蚕的日记》《神奇的蚕宝宝》《蚕宝宝》四本绘本投放在班级阅读区，这些绘本为幼儿提供了丰富的主题知识，帮助他们深入了解蚕的生活习性。

为了进一步加深幼儿对蚕的了解，老师还组织了集体教学活动——蚕宝宝的生长过程。在这个过程中，老师结合谈话、视频和图片等多种形式，生动、形象地向幼儿展示了蚕的生长过程。

经过亲子调查和社会实践的活动，幼儿对蚕已有了初步的认识和了解。

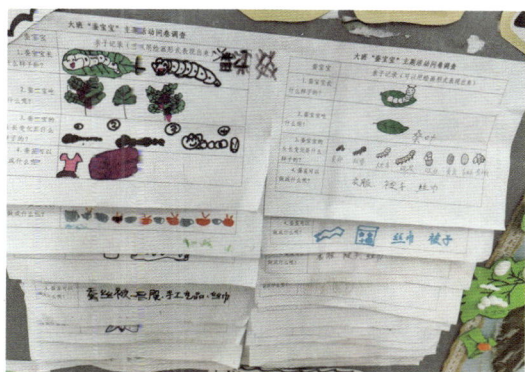

亲子调查表

**教师思考：**

《3-6岁儿童学习与发展指南》指出："幼儿科学学习的核心是激发探究兴趣，体验探究过程，发展初步的探究能力。"当幼儿遇到问题时，老师不应直接给出答案，而应充分搭建学习支架，为幼儿提供支持，引导他们进行实地考察、观察事物、查阅资料、观看视频、自主思考和交流讨论，进而在学习的过程中找到问题的答案。

家长资源是课程的重要组成部分。充分利用家长资源，可以推动课程的持续发展，实现家校共育、共赢的目标。同时，也要积极利用班级区域和幼儿园的课程资源，以推动各项活动的顺利进行。

**2. 丝绸厂参观记**

幼儿对"蚕茧怎样做成被子"的话题产生了浓厚的兴趣。

芮芮："我妈妈说，蚕茧可以拿来做蚕丝被，我家盖的被子就是蚕丝被。"

果果："我家盖的被子就是蚕丝被，很轻，很轻！"

嘉琦："蚕茧那么小，怎么把它吐的丝拉出来呢？"

瑄瑄："老师，蚕茧怎么做蚕丝被啊？"

悦悦："要到制作被子的地方才能看到。"

乐乐："可是制作被子的地方在哪里？"

萱萱："我家旁边就有一家卖蚕丝被的商店，我们可以去那里问问。"

淘淘："去蚕丝厂，我们宜州就有一个很大的蚕丝厂，我小姨就在那里上班，做蚕丝被。"

老师："淘淘说得对。我们宜州是全国最大的桑蚕养殖基地之一，广西嘉联丝绸股份有限公司就在宜州，是专门进行桑蚕种养、缫丝加工、丝绸制作的地方。"

蕊蕊："哇，好神奇！到底是怎样把蚕茧做成被子的？我好想去这个地方看看哦！"

其他幼儿也纷纷附和。

虽然种桑养蚕是宜州本地一项重要的经济产业，且拥有悠久的历史。但是老师也没有养蚕的经验，对于幼儿的疑惑，并不能一一解答。于是，老师提出集体参观嘉联丝绸文化创意园和桑蚕养殖基地的建议，并鼓励幼儿邀请家人一同参与到班级的活动之中。

幼儿及家长参观广西嘉联丝绸股份有限公司

社会实践活动

来到嘉联丝绸文化创意园，幼儿首先参观了络丝、缫丝和蚕丝被的制作车间，亲眼看到了蚕茧变成丝线的全过程。接着，他们在织绸车间里，目睹了一台台络丝机是如何将一团团凌乱的蚕丝整齐编织成一捆捆丝线。在制被间，他们还看到了工人制作蚕丝被子的全过程。在丝绸文化馆里，幼儿观看了动画短片《蚕宝宝王国》和蚕的喂养视频，这些不仅让幼儿再次直观地了解到蚕的成长全过程，也能充分了解了国家"东桑西移"的战略进程和历史影响。最后，结合讲解员的详细解说和自己的亲身体验，幼儿还学会了如何辨别真假蚕丝。

幼儿通过触摸感知蚕丝特性

幼儿了解抽丝过程

参观活动结束后，老师组织幼儿进行了一次分享活动，鼓励幼儿将自己的所思、所想都记录下来。

媛媛："我在丝绸文化馆里面，见到了真的蚕宝宝，蚕宝宝身上的黑点叫气孔，蚕宝宝喜欢吃的食物是桑叶。"

梁燚："我知道要把蚕茧做成被子，需要很多的步骤。工人阿姨们要先选茧，然后放在煮茧器里面煮，再剥茧，把蚕蛹拿出来，晒茧……工人阿姨们很辛苦！"

思净："我听见讲解员叔叔说，我们宜州是全国最大的桑蚕养殖基地之一，我们宜州的丝绸产品远销国外。我感到很自豪。"

参观记录

**教师思考：**

《3-6岁儿童学习与发展指南》中明确提出，成人要"善于发现和保护幼儿的好奇心，充分利用自然和实际生活机会"，帮助幼儿"不断积累经验，并运用于新的学习活动，形成受益终身的学习态度和能力。"当幼儿对"蚕宝宝如何成长？"以及"蚕茧如何转化为被子？"产生疑惑时，通过家园合作、师生互动和同伴互动等方式，引导幼儿直接感知和实际操作，以丰富他们对蚕的认知。

宜州作为全国最大的桑蚕养殖基地之一，设有供幼儿参观的蚕茧基地乐园。老师充分利用这一地域优势资源，让幼儿亲身体验，感受宜州的桑蚕文化魅力。

## （二）遇见蚕宝宝

在深入了解了蚕宝宝的生长过程以及蚕茧的用途之后，幼儿萌生出亲自饲养蚕宝宝的念头。

乐乐："老师，我们可以养蚕宝宝吗?"

慧慧："蚕宝宝太神奇了，我好想养一些蚕宝宝啊!"

琦琦："我也想养蚕宝宝，想看它长大，看它吐丝的样子。"

萱萱："蚕宝宝好可爱，我也想自己养蚕宝宝。"

老师："养蚕宝宝可能并不是一件容易的事，每天要照顾它们的饮食，清理卫生，大家都能好好守护它们吗?"

淘淘："老师，我们会像照顾其他小动物一样保护好它们的，我们一起在教室养蚕宝宝吧。"

在幼儿热切的请求下，老师组织大家开启了一段奇妙的养蚕之旅。在四月中旬，老师为幼儿购置了蚕卵，短短几天后，蚕卵就已经孵化出了可爱的蚕宝宝，幼儿对此感到无比激动。

刚孵出来的蚁蚕

玥玥："蚕宝宝出生了，它怎么是黑色的，不是白色的吗?"

媛媛："这是蚕宝宝刚刚孵出来的样子，就是黑色的呀，你看，这个白色的圆泡泡就是蚕宝宝的家，它是从那里出来的。"

妍妍："怎么看上去像蚂蚁呀?"

壮壮："我也养过蚕宝宝的，这刚孵出来的蚕宝宝就叫蚁蚕呀。"

尽管有些幼儿有过参观桑蚕养殖基地的经历，但是要想成功饲养蚕宝宝，他们还需要掌握更多的养蚕知识。为了让幼儿对蚕有更深入、系统的理解，老师带领他们一起阅读绘本《蚕的日记》，并观看关于蚕宝宝的科普视频，以此丰富他们的养蚕知识。

绘本《蚕的日记》
阅读活动

经过学习，幼儿意识到，蚕宝宝很脆弱，需要细心照顾。于是，大家便每天细心照料这些小生命。每天早晨，当幼儿踏入幼儿园的大门后，第一件事便是去看望那些蚕宝宝，观察它们每日的成长与变化；走进园所的种植园，亲手摘下新鲜的桑叶，为蚕宝宝们换上新的食物；认真清理蚕宝宝们的粪便，确保它们的生活环境干净、整洁。在这个过程中，幼儿不仅学会了如何照顾蚕宝宝，更培养了他们的责任心和爱心。

每一天，幼儿都会仔细观察蚕宝宝们的生长状况，记录下它们的变化和护理过程。这些珍贵的记录，不仅是幼儿对蚕宝宝关爱的见证，更是他们成长过程中的宝贵财富。

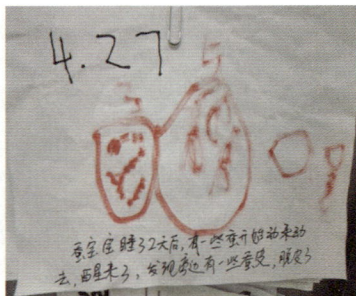

蚕的成长观察记录

那些又黑又小的蚕宝宝时刻牵动着幼儿的心弦。随着蚕宝宝一天天地长大，它们的食量也随之增大。园所种植园里的桑叶已经无法满足它们一日三餐的需求。于是，幼儿将寻找桑叶的任务告诉了家长，希望能获得帮助。

在得到家长的积极回应后，幼儿在家长的陪同下，开始到户外为蚕宝宝寻找食物。在幼儿和家长的精心呵护下，蚕宝宝们茁壮成长，慢慢展现出一些令人惊喜的变化。

幼儿准备桑叶

**教师思考：**

幼儿对新技能的掌握需要时间和实际经验的积累。通过有目的地引导，让幼儿为饲养蚕宝宝做好充分的准备，包括了解蚕宝宝的生活习性、身体构造以及它们喜欢的食物，同时关注蚕宝宝的变化。这样的过程不仅能培养幼儿的责任心和爱心，还能激发他们对小动物的亲近感以及对大自然的热爱之情。作为老师，支持幼儿养蚕的想法，并提供所需的场地和用具。同时，鼓励幼儿与家长共同参与，以发挥家园协同的作用。

## （三）蚕宝宝寻医记

### 1. 蚕宝宝怎么了

经过几天假期，幼儿回园后，秀媛发现了一个令人担忧的情况：蚕宝宝一动也不动地趴在桑叶上。她用手轻轻一碰，蚕宝宝依然没有反应，仿佛生病了一般。

秀媛发现蚕宝宝不动了

秀媛："不好了，老师，快来看，蚕宝宝不动了，还有好多桑叶都没吃完呢！老师，它们是不是生病了，死掉了？"

延延："喂的叶子太大了，会不会是这些叶子把蚕压死了？"

殊志："你们看，蚕宝宝太多了，挤在一个小盒子里，它们没有办法活动，天气太热了，是不是被闷死了？"

思净："喂的桑叶上有水，蚕宝宝吃了有水的叶子后拉肚子，虚脱了？它们的粪便也是软软黏黏的。"

惠匀："是不是我们的手碰到蚕宝宝，手上有细菌，蚕宝宝感染细菌了？"

梁燚："不对，你们看，这些桑叶都没吃完，有些都干了，可能是我们没有给蚕宝宝喂新鲜的桑叶，它们吃了干掉的桑叶，不消化吧？"

面对秀媛的发现，老师并未直接告知她原因，而是引导幼儿围绕这个主题进行观察、讨论和猜想，鼓励他们将自己的思考和设想通过绘画的形式表达出来。

幼儿观察讨论

关于蚕宝宝生病的各种猜想

**教师思考：**

在饲养蚕宝宝的过程中，鼓励幼儿多观察蚕宝宝，并对蚕宝宝的成长变化进行及时记录。在幼儿遇到问题时，老师不宜直接给出答案，而是积极支持幼儿自主猜测并验证，鼓励他们进行集体或小组讨论，引导他们主动思考，进而寻找解决问题的策略。

### 2. 蚕宝宝就诊

为了弄清楚蚕宝宝到底发生了什么，砚熙提议向校医咨询一下，得到大家的一致同意。于是，他们带着蚕宝宝来到了校医室找医生看病。

秀媛："医生，你能帮忙看一下我们的蚕宝宝吗？它们是不是生病了？"

甄甄："蚕宝宝是不是死掉了？用手摸它也不会动。"

罗医生："是呀，你们看，这些蚕宝宝的身体已经流出水了，身体都快腐烂了，说明它们已经死掉了。"

诗媛："蚕宝宝真的死了吗？为什么死掉了呢？"

殊志："是不是最近天气太热，蚕宝宝被热死了？"

梁燚："我们班有小朋友感冒了，是不是把细菌传给了蚕宝宝，蚕宝宝感染病毒死掉了？"

罗医生："蚕宝宝需要很干净的居住环境，还要保持干燥、通风。大家在喂食蚕宝宝的时候，需要把手洗干净，喂的叶子也需要是新鲜的。蚕宝宝可能是感染细菌了，也可能是天气太热了，但具体原因，需要请专业的养蚕专家看了之后才能确定哦！有些蚕宝宝生病了，拉的粑粑是绿色的，可能是拉肚子了，需要给它治疗，可是我这里也没有药。"

幼儿带蚕宝宝到校医处"就诊"

**教师思考：**

作为老师，关注幼儿发现并解决问题的过程，引导他们提出关键问题并提供必要的支持。引导幼儿思考出可操作的行动方案并进行验证，从而建构科学学习的经验。

在这个环节中，幼儿首先经过深思熟虑和大胆猜测后，向医生寻求帮助以验证他们的猜想，接着通过查找资料进行二次验证，从而解决相关的问题。

### 3. 为蚕宝宝寻药

就诊回来之后，面对着生病的蚕宝宝，幼儿正束手无策，这时，老师向幼儿提出了一个建议：回家后与父母共同寻找治疗蚕宝宝的方法，这一提议也得到了很多家长的积极回应。

住在蚕种站附近的艺艺妈妈在当天晚上就前往蚕种站咨询了治疗蚕宝宝的方法，并让艺艺带了一瓶土霉素片到班级，治疗生病的蚕宝宝。老师将土霉素药水喷洒在叶子上喂养蚕宝宝，经过一段时间的观察，幼儿欣喜地发现蚕宝宝已不再拉肚子，并又开始吃起了桑叶。

**教师思考：**

在开展相关活动时，能够充分利用丰富的家长资源推动活动持续深入。除了为幼儿提供蚕种和桑叶，家长还提供了各种关于蚕的知识和资源，这些不仅激发了幼儿的兴趣和探究欲望，也增强了家长与幼儿之间的亲子交流，同时，也让家长深入了解了幼儿园的活动，并参与到班级的课程建设中来，与老师一同为幼儿的全面发展提供教育支持。

### 4. 照顾蚕宝宝

经历了蚕宝宝就医，幼儿意识到蚕宝宝也会生病，也需要特殊的照顾。部分幼儿向老师提出了自己的疑惑：怎样做才能更好地照顾蚕宝宝，不让蚕宝宝生病，不让它们死掉？为了帮助幼儿深入理解蚕宝宝生病和死亡的原因，并能更好地照顾这些小生命，老师带领幼儿查阅有关资料，观看了养殖视频，共同阅读了绘本《神奇的蚕宝宝》。通过一系列的调查与学习，幼儿逐渐发现，环境的清洁度、温度的高低以及桑叶的新鲜程度等因素都能影响蚕宝宝的健康成长。

于是，幼儿在照顾蚕宝宝的过程中变得更加细心，如每天餐后，他们都会检查蚕宝宝的桑叶是否吃完，观察它们是否有长大；在喂养蚕宝宝之前，会确保双手干净卫生，以防止细菌感染；坚持每天采摘新鲜的桑叶喂养蚕宝宝；经常为蚕宝宝清理蚕盒，并用蚕网为它们搬家。有些蚕宝宝无

法啃食大块的叶子，幼儿想出了一些办法，如用剪刀将桑叶从枝干上剪下来，然后用手撕成一小块一小块来喂养。

幼儿在种植园收集桑叶

幼儿在教室护理蚕宝宝

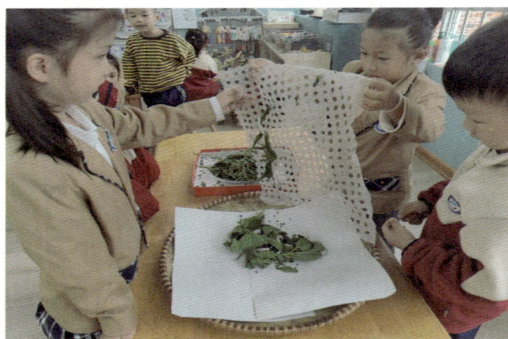

幼儿每天观察、照顾蚕宝宝

**教师思考：**

　　尊重生命，首先需要深入理解生命的诉求。对于蚕宝宝来说，老师和幼儿都需要了解其生病或死亡的原因，了解其生活习性。这样做的目的，是希望幼儿能够根据蚕的需求，提供适当的帮助，从而更好地呵护蚕的生命。同时，在这个过程中，也给予了幼儿足够多的机会和时间，为他们提供必要的支持，让他们不仅能够体验到照料一个生命的庄重与责任，更能在心中种下爱心的种子，让它生根发芽。

# （四）蚕宝宝结茧啦

在晨间活动中，洁浩意外地发现一些蚕宝宝已经开始吐丝了。

## 1. 提出问题：蚕宝宝可以在哪里吐丝结茧

浩浩："老师，蚕宝宝开始吐丝了，你看，它们把丝吐在了桑叶上。"

图图："是的，这些丝线又白又细的。"

晏宁："蚕宝宝身体看起来有点儿黄黄的，感觉晕乎乎的。"

花花："蚕宝宝可以在哪里吐丝结茧？"

洲洲："它需要在房子里藏起来，悄悄吐丝吗？"

子笑："如果在一起吐丝，这么多的蚕宝宝会不会'打架'？"

佳佳："我奶奶家养的蚕宝宝都是在一个像'格子'的房里吐丝。"

老师："这个'格子'叫方格簇，一张方格簇里有很多正方形的格子。每一个蚕宝宝可以在每一个格子里住下来，吐丝结茧！"

乐乐："太神奇了，那它不会跑到别人的小房子里吐丝吗？"

晨晨："可是我们没有那么多的竹子，怎么办？"

老师："除了方格簇，我们还可以用什么东西做成格子形状的房子，给蚕宝宝安心住下吐丝呢？"

**教师思考：**

通过前期的知识积累，结合观察到的实际情况，幼儿知道蚕宝宝开始吐丝结茧了，可是蚕宝宝可以在哪里吐丝结茧呢？于是，老师再次引导幼儿与家长共同探索解决方案。在老师具有引导性的追问下，幼儿积极思考，开始尝试使用鸡蛋托代替方格簇。老师有目的地指导，在一定程度上能够激发幼儿的思考，支持幼儿从多角度解决问题，从而推动活动的深入进行。

幼儿观察蚕宝宝吐丝

## 2. 解决问题：给蚕宝宝做一个"家"

有了蛋托还不够，幼儿还想亲自动手给蚕宝宝们搭建一个"家"。

玲玲："老师，我们用筷子来试试吧！"

佳琪："纸壳剪成条状，围起来！"

浩轩："我们教室里就有很多的纸壳，我们一起来试一试吧！"

就这样，幼儿邀请老师，一起动起手为蚕宝宝们搭建纸质"方格簇"。

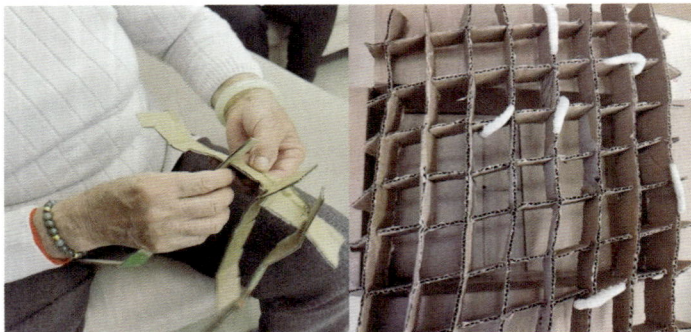

师生一起在区域制作"方格簇"

**教师思考：**

老师致力于为幼儿提供丰富的猜想空间，创设观察、假设、体验和操作的情境，旨在最大程度地满足和支持幼儿通过直接感知、实际操作和亲身体验来获取经验的渴望。

# 三、课程反思与收获

## （一）幼儿——自主建构学习经验

课程来源于儿童。在此活动中，幼儿的学习活动不是老师预设的，而是基于幼儿的兴趣生成的。同时，幼儿经历了科学探究的全过程：提出问题、观察探索、思考猜测、验证等，体现了幼儿卓越的自主探究能力。

幼儿通过参观二厂、寻找桑叶、喂养蚕宝宝、寻找药物等活动，了解了蚕的生长过程，也了解了家乡宜州的桑蚕文化。在这个过程中，深刻体验到了养蚕的艰辛，也认识到了传承桑蚕文化需要不断地学习和探索，同时也学会了思考，学会了尊重生命、敬畏生命。

## （二）老师——观察儿童，支持儿童

老师并未将引导、支持和评价的焦点放在幼儿知识和技能的获得上，而是聚焦于为幼儿终身发展奠定基础的品质上，如好奇心、合作精神、思考能力和关爱生命等。

在整个过程中，老师始终对幼儿予以积极关注，鼓励幼儿自主提出问题，及时提供引导策略，给予他们大量的探索和验证的机会，以激发他们对探索的热情和欲望。

## （三）家长——课程的重要资源

一个主题活动的有效开展，离不开家长的参与和配合。在活动的开展过程中，家长与幼儿一起查阅资料、发现和解决问题；在养蚕的过程中，家长提供了桑叶、蚕药等，推动了课程活动的持续开展。

同时，家长也在其中看到、听到、感受到幼儿真实而有意义的学习，这也是园所一直所追求的"家园携手"的教育形式。家长不再是一个旁观者，而是真正参与其中的体验者，这样的主题活动不仅得到了家长的认可，也保证了幼儿从园所到家庭中持续性经验的获得。

**◄◄◄ 作者简介 ►►►**

潘秀丽，中小学二级教师，曾参与"幼儿园离园活动的组织与研究"课题研究。

韦杏密，中小学一级教师，河池市宜州区教育系统"优秀教师"，曾参加四项市级以上课题研究。

覃蒙瑛，中小学一级教师，曾荣获河池市宜州区"优秀教师""优秀班主任"称号。

# 中草药奇遇记

文 / 兰春芽　吴洁秋　韦嘉宜　何罗乐

## 一、课程故事起源

在户外活动中，墨墨不小心擦伤了皮肤，流血不止。同伴们都非常着急。老师迅速从旁边的百草园中摘取了一些艾草，捣碎后敷在墨墨的伤口处，血很快就被止住了。

> 娅甄："老师，墨墨的脚不再出血了，好神奇，你用的是什么呢？"
>
> 老师："这是艾草，可以用来止血，是中草药的一种。"
>
> 图图："太神奇了！"
>
> 盛鸿："中草药还可以泡茶喝，我妈妈说，上火了，可以用金银花茶煮水喝。"

回到教室后，幼儿还在七嘴八舌地讨论着中草药的事情。为了满足幼儿的好奇心和求知欲，老师决定利用园所的地理优势和周边的丰富资源，为他们提供一个独特的学习机会。

值得一提的是，园所旁有一条街道，位于宜州区共和路上，街上不仅

满是历史悠久的老中医药店和中医门诊，还有非常多的售卖中草药的店铺，当地百姓都将这条街道称为"中草药一条街"。而园所内的百草园也因种植着种类繁多的中草药而受到师生、家长的关注。

结合园内外的资源，老师与幼儿共同探索中草药的世界，感受中草药的魅力。

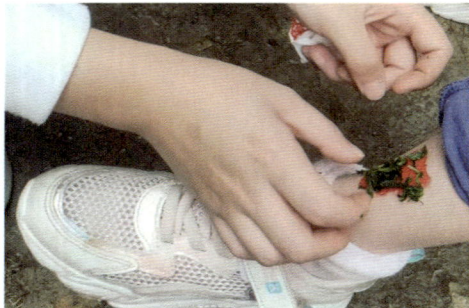

老师用艾草为幼儿止血

# 二、课程故事实施

## （一）什么是中草药

### 1. 中草药初印象

因为园所紧邻着一家历史悠久的中医院和一条充满中草药香的街道，所以在每天的上下学路上，幼儿都浸润在中草药的世界中，慢慢地，他们也对中草药有一些简单的认知。

> 杨杨："中草药是草做的药。"
>
> 乐乐："中草药应该是中国的药吧？"
>
> 艺航："中草药是我们爷爷奶奶们以前用的药。"
>
> 小洲："中草药有个'中'字，可能是我们中国的医生研究的药。"

在幼儿的心中，中草药往往被赋予了神奇的力量——拥有悠久的历史，且能够治愈疾病。然而，对于一些常见中草药的具体药效和功能，他们的了解却非常有限。

## 教师思考：

幼儿在生活中接触过中草药，具备一定的直接经验。老师追随幼儿的兴趣，利用周边资源让他们简单了解一些与中医相关的知识，认识一些常见中药的名称。老师还通过谈话分享的方式，鼓励幼儿大胆表达自己的想法，支持他们对中草药进行探究，感受中华医药文化的博大精深。

### 2.寻找中草药

中草药是中国独有的吗？中草药具体有哪些呢？都有什么作用呢？带着诸多问题，老师与幼儿开始了中草药的探索之旅。

#### （1）幼儿园里的中草药

> 皓宇："我们的幼儿园里也有很多中草药。"
>
> 杨杨："是呀！我们去百草园看看我们认识哪些中草药吧！"
>
> 盛鸿："好呀！那我们把中草药画下来，看谁认识的中草药最多。"

幼儿开始在百草园中寻找中草药的身影，并用笔在画板上描绘出自己认识的草药，与同伴分享自己的发现。

> 盛鸿："这是艾草，艾草的外形看上去有点儿像手掌，艾草是绿色的，味道有点儿臭，我妈妈说艾草可以吃。"
>
> 琪琪："你们看，这是金银花，金银花细细的，妈妈说金银花刚刚盛开时为白色，经过一两天后，就变成金黄色的。"
>
> 杨杨："这是蒲公英，毛茸茸的，像个小球，我妈妈说蒲公英可以降火。"

虽然很多幼儿已经对艾草、金银花、蒲公英有所了解，但是百草园中仍有一些中草药是他们尚未认识的。为了让幼儿能更深入地了解这些中草药，老师利用餐后活动和户外游戏时间，带领幼儿走进百草园去认识那些他们尚未接触过的中草药。在这个过程中，幼儿通过观察、闻嗅、触摸等多种感官体验方式有了进一步的认识和了解，同时还积极地与同伴交流中草药的外形特征，如形状、颜色、气味等。

幼儿给中草药写生

用写生画制作的中草药图书

幼儿认识园内的中草药

**教师思考：**

《3-6岁儿童学习与发展指南》指出："艺术是人类感受美、表现美和创造美的重要形式，也是表达自己对周围世界的认识和情绪态度的独特方式。"在探索园内中草药的过程中，幼儿能主动提出用绘画的方式将他们认识的中草药描绘出来，并与同伴分享，这让老师深感惊喜。在绘画的过程中，幼儿的大胆创作与表现，不仅表达了他们对中草药植物的喜爱，也推动了他们自身艺术技能的发展。

### （2）幼儿园外的中草药

在认识了园所内的中草药后，幼儿又迎来了新的挑战：在日常生活中，你还认识哪些常见的中草药呢？据此，老师组织了一场亲子调查活动，鼓励家长利用周末的时间，与幼儿一起到中草药一条街或者其他地方，认识更多的中草药，并完成《中草药亲子调查表》。

亲子调查活动结束后，幼儿迫不及待地分享自己的新发现。

> 浩浩："周末，爸爸带我到幼儿园旁边的中草药街去参观，整条街都卖中草药，我看到了好多中草药，有黄芪、白芷。"
>
> 芊芊："我有点儿咳嗽，奶奶去摘了一些枇杷叶给我煮水喝，枇杷叶煮的水太苦了。"
>
> 乐乐："我家门口种的薄荷也是一种中草药，薄荷的味道有点儿臭，奶奶说，如果上火了，吃薄荷叶能够祛火。"
>
> 光鑫："我爸爸带我去郊外寻找中草药，我看到了板蓝根，板蓝根的叶子长长的。"

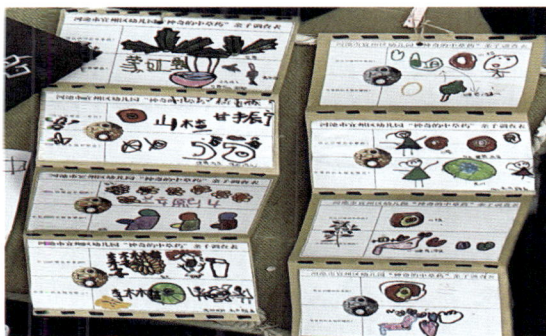

中草药亲子调查表

阿蕴从乡下的外婆家带回了一袋子的艾草。当他将自己精心收集的艾草展示出来时，大家立刻围了上去，用鼻子闻，用手去触摸，并讨论了起来。

颖珩："这艾草，怎么闻着是苦的呀？"

盛鸿："我觉得很好闻呀，它的气味有点儿像我的驱蚊手环。"

菲菲："老师，它的秆是直直的。"

熙熙："你看，它的叶子看上去像不像扇子？"

阿瑾："我觉得它的叶子像枫叶。"

阿圳："你看，我的手和它的叶子一样大呢！"

阿凝："这是什么草呀，我以前都没见过。"

阿蕴："这是艾草，可以吃的，还可以止血，老师以前还用艾草给墨墨止血咧。"

## 教师思考：

为了让幼儿能更好地认识和了解这些草药，老师将幼儿收集的草药分装在小袋子中，并展示在主题墙上。每当休息时间，幼儿就会聚集在这里，一起仔细地观察、触摸。这不仅让幼儿亲身体验了草药的魅力，也真正做到了让环境服务于课程活动建设。

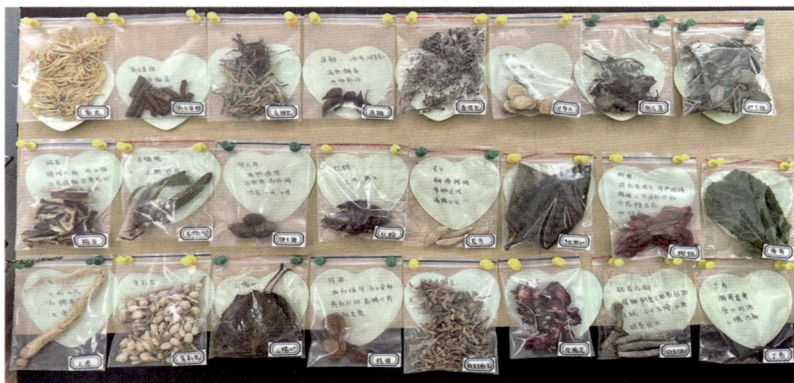

中草药展示墙

通过园内外的中草药探索活动，幼儿对中草药也有了更进一步的了解，不仅知道了一些常见中草药的名称、外形特征以及气味等基本信息，还发现晒干前后的中草药存在显著差异。

老师还鼓励家长也一起参与到课程活动中来，这不仅能加强了园所与家长之间的沟通，也让家长对中草药有了更丰富的认识。

同时，老师充分引导幼儿通过观察、比较、操作和实验等方式，学习发现问题、分析问题和解决问题。这样的学习方式，能帮助幼儿不断积累经验，并将这些经验运用到新的学习活动中，从而培养出一种受益终身的学习态度和能力。

## （二）中草药"本领"大

中草药到底有哪些'本领'呢？每种中草药的"本领"都是一样的吗？幼儿在了解常见中草药的名称和外形特征之后，开始对中草药的功效产生了兴趣。

> 夕霏："中草药可以泡茶喝。"
> 宜鑫："中草药可以泡脚。"
> 林芮："中草药还可以治疗跌打损伤呢！"
> 盛鸿："中草药可以治咳嗽。"

老师组织开展了一系列的活动，如《神农尝百草》故事讲述、《家门口的植物课》《噢！中草药》绘本分享、采访保健医生莫校医、邀请中医专家入园讲课以及参观中草药一条街的实践活动等。通过这些活动的开展，幼儿了解到每种中草药的功效都是有所不同的，不同的中草药搭配到一起会有不同的功效，同时，也感受到中草药与我们生活的紧密联系和中医文化的博大精深。

幼儿学习常见中草药的功效　　　　　　　　中医讲堂

## （三）神奇的艾草

在认识中草药的过程中，艾草凭借着自身具备的诸多功效，收获了幼儿极大的关注。为充分感受艾草的魅力，幼儿积极参与到对艾草的探索活动中。

### 1. 认识艾草：真假艾草大调查

当得知幼儿渴望能进一步了解艾草的时候，老师立即与家长沟通，经过商量，家长提议利用周末带着幼儿一起去户外收集艾草。于是，家长和幼儿兴致勃勃地展开了寻"艾"之旅！

利用周末时间到户外采摘艾草

在经历了周末的寻"艾"之旅后，幼儿纷纷把在户外采摘来的艾草带到了幼儿园里，并展开了一系列的讨论。

溪溪："我在艾草里发现了小秘密。"

紫紫："这个怎么闻起来臭臭的，我摘的是不是假的艾草呀？"

宇卓："都是艾草，你看它们都是绿色的，只是有一株小点儿，有一株大点儿，小的有可能是艾草宝宝。"

彤彤："我找到的艾草，它的叶子是深绿色的，和你们的都不一样。"

乐乐："到底哪些才是真正的艾草？"

　　乐乐的疑问引起了大家的注意，老师随即提议展开一场有关真假艾草的调查活动。所有幼儿将以小组的形式，对收集的艾草进行观察、猜想、调查、分类、展示分享等一系列活动。听到这个任务，幼儿立刻兴奋地讨论起来。

彤彤："我们小组一个人来记录，其他人去幼儿园的百草园摘一些艾草回来，我们再一起比较一下吧！"

紫紫："可是我们采摘的艾草有的都已经干了，怎么比啊？都不一样了！"

慧慧："那不行的话，我们问问老师？"

　　看到幼儿想要探究的急切目光，老师决定开展一次集体教育活动，同时邀请家长一起参与其中。活动中，在宜州区中医院工作的家长专程前来为师生讲解艾草的特点与作用，结合查阅相关资源，师生共同了解到，艾草具有温经、祛湿、散寒、止血、消炎、平喘、止咳、安胎、抗过敏等多种作用。此外，艾叶晒干后捣碎得到的艾绒可以用于艾条、印泥的制作，艾叶还可以用来制作宜州特色美食——艾粑。

> 柳霖:"艾草真'能干',不仅能止血,还能吃。"
>
> 嘉俊:"还能做艾条,之前我生病的时候,奶奶都是在家里烧艾条。"
>
> 墨墨:"上次我不小心摔倒,老师就是把艾草捣碎敷在我的伤口上,帮我止血的。"

家长进课堂

## 教师思考:

《3-6岁儿童学习与发展指南》中指出:"幼儿园应多为幼儿提供自由交往和游戏的机会,鼓励他们自主选择、自由结伴开展活动。"因此,老师利用调查活动,鼓励幼儿运用多种感官去了解艾草,尝试使用简单的工具去记录自己的发现,捕捉更多有价值的兴趣点。在此基础上,幼儿能主动利用多种途径去了解艾草的功效,通过上网查资料、翻阅书籍、咨询成人等方式,丰富自身经验的同时,也加强了幼儿和家长之间的交流。

### 2. 艾草保存大作战

前期活动中,幼儿积极参与,将采摘的艾草装入塑料袋后堆积在教室里。一天,琪琪和其他几名幼儿走到教室后面的艾草存放处。

> 琪琪："老师你看这个艾草脏脏的，叶子都'融'了。"
>
> 柳霖："艾草坏掉了。"
>
> 子笑："我们的艾草不能放在袋子里了，这样的话我们的艾草就会烂掉的。"
>
> 嘉宜："我们要拿出来晒干，这样艾草的叶子就不会坏掉了。"
>
> 小曦："我们可以用簸箕把艾草拿到操场去晾晒。"

幼儿立即行动起来，他们先从资源库借来簸箕和三脚架，然后将艾草倒入簸箕中，再拿到操场上晾晒。到了下午，幼儿再次去观察艾草。琪琪用手轻轻摸了摸艾草，然后对小伙伴们说："我们要把艾草翻一翻，这样才能让下面的艾草也能晒到阳光。"嘉宜："艾草还不能放太多了，你们看，这堆艾草太多了，里面的艾草都晒不到。"

于是，幼儿开始行动起来：一些人帮忙翻动艾草，确保艾草都能晒到阳光；另一些人则去寻找可以晾晒艾草的东西，如晾衣架、绳子等，这样就可以把多余的艾草分别放在不同的地方晾晒，加快艾草晾干的速度。大家团结合作，努力提高晾晒艾草的效率。

快到离园时间了，老师发现幼儿没有要把晾晒的艾草收回。

> 老师："小朋友，如果今天晚上下雨了，我们晒在外面的艾草就会被淋湿了。"
>
> 璐宜："我们要去把艾草回收到教室里面，第二天早上来幼儿园再搬出去晒。"
>
> 小曦："我们可以分小组，值日生负责每天晾晒艾草和回收艾草的工作。"

小曦的提议得到了大家的一致赞同，于是每天的值日生还增加了艾草

晒的工作。一周后，艾草基本已经变成干艾草了。

幼儿剔除艾草茎部

幼儿将艾草进行晾晒

幼儿进行晾晒活动

**教师思考：**

　　在晾晒艾草的过程中，幼儿不仅学到了如何让艾草保持得更持久，还学会了如何与同伴分工合作，每天共同完成晾晒和回收艾草的任务，这不仅锻炼了幼儿的责任感，还增强了他们的团队合作意识。

### 3. 艾草大改造

　　看着这些干艾草，幼儿开始讨论起它们的用途，有的幼儿认为可以拿来泡脚，有的幼儿觉得可以用于制作艾条，还有的认为可以拿来制作香包。经过讨论，师生共同决定用艾草制作艾条和艾草包。

（1）**活动一：艾条的制作**

如何制作艾条呢？幼儿的心中既充满了好奇，又有非常多的疑惑。

> 宜鑫用一张黄棉纸将晒干的艾草卷起后，便举起手中的艾条，自豪地说："你们看，我的艾条已经做好了。"
>
> 阿彦："我看看，你用的艾草和我平时看到的艾草不一样，我平时看到的艾草都是碎碎的，不是一整片叶子的。"
>
> 皓泽："我也觉得，这个叶子太大了吧！"
>
> 宜鑫："为什么一定要弄碎，直接这样包裹着，难道不可以吗？"
>
> 老师："小朋友们，我们平常是怎么使用艾条的？"
>
> 宜鑫："需要把艾条点燃。"
>
> 老师："我们来试一下，点燃宜鑫做的这根艾条，看看会发生什么？"

于是，老师将宜鑫做的艾条点燃，但大家发现，外面的纸已经燃烧殆尽，而里面的艾草依然完好无损。这时，有人提出，如果不弄碎艾草，艾草就没有办法燃烧了。这一观点也得到了大家的一致认同。

经过这个小实验，幼儿了解到，在卷制艾草前，应先将其制成艾绒。

在老师的指导下，幼儿开始制作艾绒。每名幼儿使用的道具各有不同，有的用捣药器，有的用药碾子。但没过多久，嘉悦喊道："我手累了。"这时，也有几名幼儿发出了同样的抱怨，可当下这个阶段，碾碎的艾草还远不能被卷成艾条。

于是，这几名幼儿开始寻找是否有更省时、省力的方法。他们进入了中药房，认真观察起里面的工具。突然，皓泽说道："我们可以尝试使用粉碎机。"在征得同意后，幼儿在老师的指导下有模有样地使用起粉碎机，他们把干艾草放入机器中，然后盖上盖子，通电后旋转按钮，不久，干艾草就被制作成粉状。嘉悦兴奋地说道："你们看，粉碎机好厉害呀，艾绒做好了！"

幼儿在中草药房里制作艾绒

艾绒制作完成后，幼儿便开始卷艾条。在老师的指导下，幼儿首先在艾条机（一种木质家用卷艾条机）上铺好棉布纸，接着将艾绒均匀地撒在纸上，然后使用艾条机将艾绒卷制成艾条。

在完成第一轮的制作活动后，幼儿发现大家制作的艾条都是扁扁的，便开始寻找造成艾条扁平的原因。

玥玥："我们的艾绒是不是放得太少了，我们要多放一点儿。"
阿泽："对，我们试着多放一点儿艾绒。"

于是幼儿又尝试着增加艾绒的放入。

璐宜："这次艾条卷得圆一点啦,可是整个艾条的两端还是空空的,应该要一样大才行。"

浩浩："我们不能只把艾绒放在中间,要把艾绒放得多一点儿,铺得满一些,这样才能卷得长长的。"

雨霏："那我们就多放一点儿艾绒,然后放满一点儿。"

璐宜："不行不行!艾条还是很小,而且松松的。"

正当幼儿陷入找不到更好的卷制方法时,一旁的老师适时引导幼儿利用曾经用纸卷炮仗的经验和技巧来帮助卷制艾条。

于是,幼儿纷纷利用过往掌握的经验,又重新调整了卷纸和艾绒的位置,经过多番尝试,一条又一条结实的艾条终于出现在幼儿眼前。

幼儿制作艾条

**教师思考:**

经过一系列的活动,幼儿了解了艾条的制作过程,初步掌握了制作艾条的方法,并在实际的活动过程中积极、主动地去制作艾条。这些活动不仅发展了幼儿的精细动作能力,还培养了他们的责任心和团队合作能力,让他们感受到了成功的喜悦。

### （2）活动二：神奇的艾草包

成功卷制艾条后，面对剩下的干艾草，幼儿又开始讨论了起来。

玥玥："用剩的艾草应该怎么办？"

琪琪："我在中草药一条街看见用艾草做成的药，我们是不是可以做成药呢？"

嘉嘉："艾草香包，我家有一个，我想做香包。"

婷婷："我想做泡脚包。"

轩轩："做成艾草香包也很好呀！还可以驱蚊虫哦！我妈妈是医院的医生，她告诉我的。"

为确定集体活动的制作内容，老师组织了一次投票活动，让幼儿自己决定。

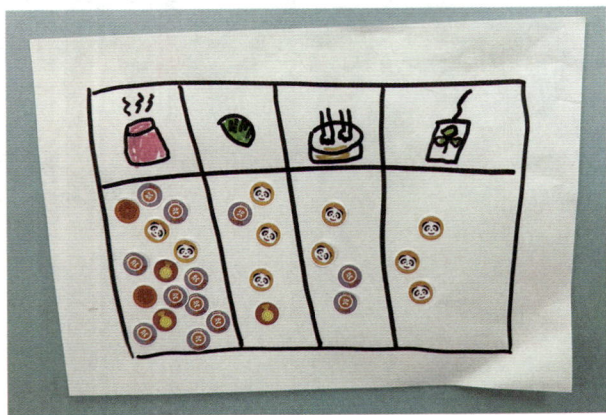

投票结果

根据投票结果，大家决定制作艾草香包。由于之前已有制作艾条的经验，幼儿明显在这轮制作香包的活动中显得更加熟练了。

所有参与者被分成了研磨组、图案设计组和包装组，每个小组的成员需要有序地在中草药房里进行香包的制作。幼儿经过研磨、配比、剪贴、粘贴等环节一步步完成香包的制作，体验着动手制作香包所带来的快乐。他们还将在中草药房制作的香包带到班级中，进行"小中医"角色扮演游戏。

研磨艾草

设计艾草香包

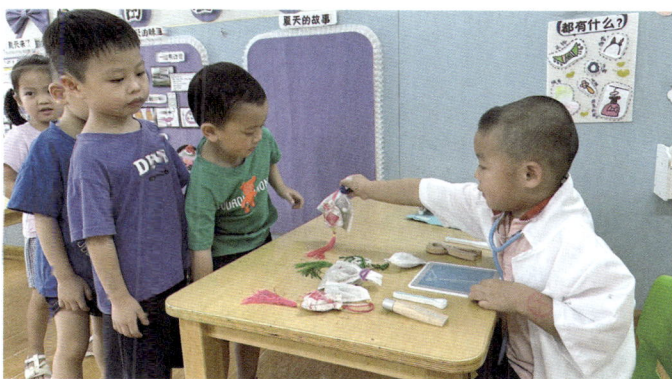

用制作的艾草香包进行"小中医"角色扮演游戏

**教师思考：**

在前期经验的积累下，幼儿曾欣赏过不同样式的香包，了解香包制作过程及作用的经历。根据已有的经验，通过制作艾草香包和围绕香包开展的角色扮演游戏，幼儿获得快乐体验的同时，也了解到了艾草香包的药用价值。

# 三、课程反思与收获

## （一）幼儿收获

随着整个课程活动的开展，幼儿通过看、闻、尝等多种感官认识了中草药，对中医文化也有了进一步的了解，初步感受到了中草药与人们健康生活的紧密关系以及中医文化的博大精深，也激发了幼儿对祖国、对家乡宜州的热爱、自豪的情感。

活动中遇到的一系列问题，也让幼儿面临了不小的挑战，但经过"发现问题——提出猜想——行动验证——解决问题"的探究过程，他们不仅锻炼了自身的动手能力，还激发了想象力和表现力，以及与同伴合作的能力。在这个过程中，也逐渐培养了幼儿积极主动、认真专注、善于坚持等的良好学习品质。

## （二）老师思考

### 1.关注幼儿，发现课程

通过本次中草药主题活动的开展，老师感受到课程都在身边，并不遥远，同时也更深刻地体会到教育家陶行知所说"全部的课程包括全部的生活，一切课程都是生活，一切生活都是课程"的含义。

本次课程是从幼儿的划伤出血的事件开始，也包括了幼儿在后面所遇到的各种与中草药相关的问题。老师及时抓住了幼儿的兴趣点，循序渐进地引导幼儿学习，激发了幼儿对事物的好奇心和探索精神。在与幼儿一同探索中草药世界的过程中，课程自然孕育而生。

通过倾听幼儿的声音，能够生成有价值的活动，满足幼儿的兴趣需求，并引导他们进行深度探究。这样的做法真正将幼儿放在了核心位置，认可了他们是课程的"共同决策者"的地位。

### 2.挖掘资源，合理运用

此次以中草药为主题的探究课程活动是符合班级幼儿实际需要的。将幼儿身边熟悉的事物融入课程内容，满足他们的学习需求。除此之外，老师也需要与幼儿一起寻找答案，逐步探究，帮助幼儿解答疑惑。

老师与幼儿充分利用身边的各类资源，迎接挑战，解决困难，不断碰撞出新的火花，也正是这些意义非凡的碰撞让整个课程活动变得更加有趣、有味。

#### ▶◀ 作者简介 ▶◀

兰春芽，中小学一级教师，曾荣获河池市幼儿园教师风采大赛、幼儿园教师技能大赛、幼儿园自制玩教具比赛一、二、三等奖。

吴洁秋，河池市宜州区幼儿园党支部书记、园长，中小学高级教师，先后荣获河池市"先进工作者""优秀青年专业技术人才""基础教育名师"等荣誉称号；主持、参与自治区级、市级课题共计7项，公开发表论文10余篇。

韦嘉宜，中小学一级教师，河池市宜州区学前教育中心兼职教研员，曾获得河池市宜州区教育系统"优秀教师"称号，获广西壮族自治区幼儿园教师技能大赛二等奖。

何罗乐，中小学一级教师，河池市宜州区"优秀教育工作者"，参与自治区级及市级课题2项，多次参加河池市教师技能大赛获一、二等奖。

# 我们的"菇"事

文 / 韦丽莎　苏亚丽　何罗乐

## 一、课程故事起源

　　一场春雨过后，老师和幼儿到园所的后花园散步。突然，幼儿停下了脚步，兴奋地喊着："快来看呀，这里有小蘑菇！"原来，浩浩在树桩景观旁发现了一大片的小蘑菇。幼儿好奇地围在一起，你一言我一语地讨论起来。

巧遇蘑菇

　　美国著名教育家杜威曾说："儿童有调查和探究的本能。好奇、好问、好探究是他们与生俱来的特点。"显然，蘑菇引起了幼儿的注意和好奇，结合《幼儿园教育指导纲要（试行）》在科学领域中的相关要求，主题活动"我们的'菇'事"应运而生。

# 二、课程故事实施

## （一）蘑菇"知多少"

在幼儿发现了小蘑菇后，老师鼓励幼儿与家长一起寻找生活中的蘑菇，共同探索蘑菇的世界，并完成亲子调查表。这一亲子调查活动，不仅丰富了幼儿关于蘑菇的知只经验，也成功地将家长吸引到课程的开展过程中来，进一步提升了家园共育的效果。

在与家长共同认识了各类蘑菇后，幼儿迫不及待地想与同伴分享自己的收获。于是，聚焦了幼儿收获的"菇"事会应运而生。在"菇"事会的分享中，幼儿的好奇心被极大地激发，他们提出了一系列的问题："蘑菇是如何成长的？""它们是否只在秋天生长？"……

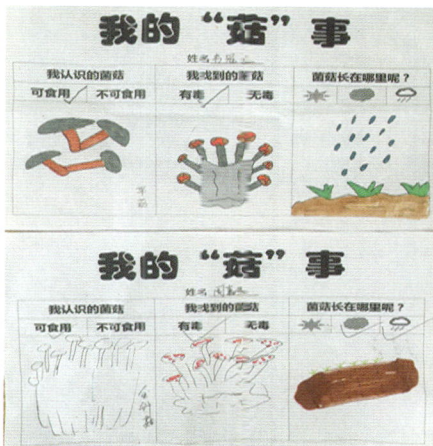

幼儿与家长一起制作的《亲子调查表》

"菇"事会上，幼儿积极分享
自己的收获

为了满足幼儿对蘑菇的探索欲望，老师积极利用多种社会活动，增加幼儿对各种菌菇的了解，并鼓励幼儿通过绘画的形式展现他们眼中蘑菇的外形特征和生长环境等。

玥玥:"我认识的蘑菇是红色的,它们都生长在森林里面。"

琪琪:"我见过的蘑菇是长在枯树干里面的。"

晓霞:"我在超市里面看见过白色蘑菇,是圆形的。"

小浩:"我在我家菜地里面看见过蘑菇,长长的,也是红色的,特别好看。"

幼儿自己创作的儿童海报

**教师思考:**

　　《3—6岁儿童学习与发展指南》中指出:"幼儿的科学学习是在探究具体事物和解决实际问题中,尝试发现事物间的异同和联系的过程。"活动中,幼儿在"调查—讨论—对比"的学习过程中,发现了可食用蘑菇与毒蘑菇的不同,其观察能力、自主探究能力等得到了发展,同时,幼儿还能够用语言清晰地表述出蘑菇的特征,其语言能力也得到了一定的发展。

## （二）我们的"蘑菇屋"

在讨论中，有幼儿向老师提出了一个想法："老师，我们能在幼儿园里种蘑菇吗？这样我们就可以每天看到它们了。"这个想法也获得了其他幼儿的积极响应。于是，幼儿开始了"蘑菇屋"的建设之旅。

### 1.问题一："蘑菇屋"要建在哪里

幼儿开始在园所里寻找可以建造"蘑菇屋"的地方。

> 琪琪："我们建在校门口旁的花圃里。"
>
> 乐乐："不行，幼儿园花盆里都种着花，不可以。"
>
> 洋洋："那建在野战区旁边，那里也可以。"
>
> 多多："小朋友每天都在那边走来走去，我觉得不行。"

虽然幼儿都知道蘑菇适合生长在湿润、温暖的环境里，但由于幼儿知识经验的积累有限，才导致他们在"蘑菇屋"的选址上遇到了困难。

老师决定利用一个机会来引导幼儿进一步地思考和学习更多有关蘑菇的知识。于是，老师带领幼儿来到植物园散步，让他们观察各种植物的生长情况，并向他们介绍了蘑菇的生长条件，如需要湿润的环境和适宜的温度。幼儿一边听讲，一边观察着周围的植物，逐渐理解了蘑菇生长所需的环境。

接着，大家一起来到了校园里已经被废弃的动物养殖区。通过观察以及结合刚刚掌握的知识，幼儿发现这个地方温暖湿润、阳光充足，非常适合蘑菇的生长。大家一致认为，这非常适合搭建

幼儿参观荒废的动物养殖区

"蘑菇屋"。就这样,"蘑菇屋"的选址问题顺利得到了解决。

### 2.问题二:"蘑菇屋"应该是什么样子的

在完成选址后,幼儿满怀热情地开始设计"蘑菇屋"。他们拿起小画笔,在纸上描绘出自己心目中的"蘑菇屋",有的幼儿描绘的是蘑菇屋的外观,有的幼儿则画出了蘑菇屋内部设计,还有的幼儿还在设计图纸上画了一些可爱的动物和植物,将蘑菇屋的周边环境点缀得生机勃勃。

幼儿进行"蘑菇屋"设计　　　　琪琪的"蘑菇屋"设计图

设计完成后,大家一致决定用投票的方式来决定使用谁的设计方案。最终,琪琪的设计图获得了最多票数,被选为"蘑菇屋"的设计方案。

幼儿按照设计图进行"蘑菇屋"的布置　　幼儿为"蘑菇屋"设计门牌

**教师思考：**

在调查活动中，幼儿能用图画、符号等形式表现自己调查的内容；在讨论活动中，幼儿能积极主动地参与有关"蘑菇屋"话题的讨论，并在讨论中注意倾听他人讲话，大胆交流和表达，在这个阶段，幼儿的倾听能力、语言表达能力、书面表达能力都得到很好的发展。

### 3. 问题三：蘑菇从哪里来

"蘑菇屋"基本建好了，蘑菇又从哪里获取呢？

> 乐乐："去市场买，市场有很多的蘑菇。"
> 佳俊："市场卖的那种蘑菇不能种，种不了。"
> 小卢："我从家里带来，我家里有好多蘑菇。"

经过了解，原来小卢的爸爸是一位蘑菇种植专家。经过沟通后，小卢爸爸免费向班级提供了多种蘑菇菌种，助力此次活动的开展。在小卢爸爸的全力支持下，师生们便顺利地开始进行蘑菇的培育和种植了。

在家长和幼儿的不懈努力下，种有小蘑菇的"蘑菇屋"终于搭建完成了！

建造好的蘑菇屋

# （三）蘑菇种植记

在完成"蘑菇屋"的全部建设工作后，幼儿开始学习如何种植蘑菇。老师向幼儿介绍了蘑菇的种植方法和技巧，让他们了解蘑菇的生长过程和所需的条件。

根据现有条件，师生选择了水培和无土栽培两种方式进行种植。幼儿非常积极地参与种植活动，他们按照分工进行操作，有的负责水培，有的负责无土栽培。在种植过程中，幼儿认真观察蘑菇的生长情况，记录下它们生长的变化和需要注意的事项。

水培蘑菇

无土栽培蘑菇

## 1. 蘑菇成长日记

在种植蘑菇后，幼儿每天都来到"蘑菇屋"观察蘑菇。他们会用小喷壶给蘑菇喷水，确保它们获得足够的水分。在喷水的过程中，幼儿小心翼翼，生怕弄伤这些弱小的生命。

除了给蘑菇喷水，幼儿还会用图画和文字仔细记录下蘑菇的生长变化。

幼儿认真记录蘑菇的生长情况

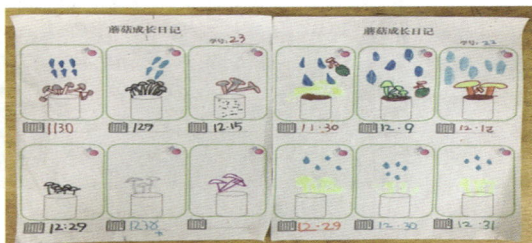

蘑菇成长日记

### 2. 蘑菇"保卫战"

在一次观察蘑菇的过程中，幼儿发现有几朵蘑菇被咬掉了一部分。幼儿非常担心，不知道是什么导致了这种情况。

蘑菇被谁破坏了

于是，幼儿展开了讨论和猜想。

> 彤彤："蘑菇是不是被小鸟偷吃了？"
>
> 昊昊："不可能，小鸟只吃虫子，不吃蘑菇的。"
>
> 天天："那是不是小虫子偷吃了蘑菇？"
>
> 小豪："或者是小老鼠偷吃了蘑菇？我们前几天看见'蘑菇屋'里面有老鼠呢。"
>
> 晓晓："太可怕了，到底会是什么东西偷吃了我们可爱的小蘑菇呢？我们辛辛苦苦养大的，蘑菇太可怜了。"
>
> 玲玲："那我们该怎么办？"

幼儿向老师求助。为了进一步提高幼儿面对问题、解决问题的能力。老师告诉幼儿："现在，你们需要自己去想办法解决这个问题。看看能否找到一些工具或者方法，防止蘑菇继续被破坏。"幼儿听后，纷纷开始思考起来，并与同伴讨论。

昊昊疑惑地说道："你们说的那些小动物都可能会吃掉小蘑菇，不然我

们想个办法，把这个偷蘑菇的小家伙抓起来，怎么样？"

小天灵机一动，说："我想到了一个好办法，我乡下奶奶家里面有很多老鼠，奶奶都是把老鼠贴放在地上，然后就可以抓住老鼠了，我们是不是也可以这样做？"

于是，第二天，幼儿便将小天带来的几张老鼠贴放置在蘑菇下方。在这之后的每一天，幼儿都会迫不及待地查看老鼠贴的情况，期待能够抓住那个捣乱的家伙。接连两天都是一无所获，幼儿开始有些失望，他们原本以为能够很快地

我们的解决办法

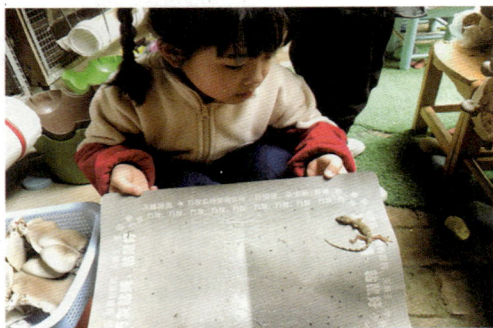

抓到一只小壁虎

找到答案，但他们没有放弃。到了第三天，幼儿再次来到蘑菇房，他们发现老鼠贴上竟然粘住了一只小壁虎，难道这只小壁虎就是他们一直在寻找的"破坏者"？

抓到小壁虎后，不同的声音随之而来。

彤彤："不可能，不可能是小壁虎偷吃蘑菇。"

天天："那它怎么会在老鼠贴上面呢？"

琪琪："我也觉得不可能是小壁虎偷吃了蘑菇，小壁虎是益虫，它只会蚊子，不会吃蘑菇的，它肯定是去吃蚊子的时候不小心闯入我们设置的陷阱里面。"

昊昊："那到底会是谁呢？谁才是那个'破坏者'呢？"

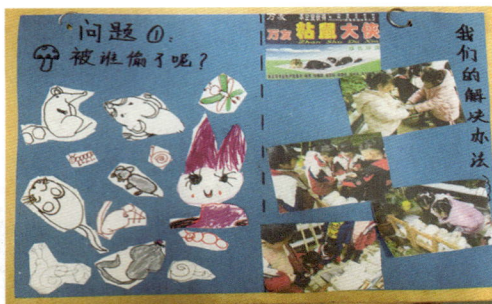

幼儿带着疑问找到老师，但老师也无法给出确切的答案。为鼓励幼儿继续探索和思考，老师进一步引导幼儿重点思考如何保护蘑菇，以免它们再次受到破坏。

于是，幼儿每天都会来到"蘑菇屋"，帮助小蘑菇们防范潜在"破坏者"的伤害。幼儿不仅认真观察周围的环境，留意是否有任何异常的迹象，同时也更加积极地照顾这些可爱的小蘑菇，确保它们能够健康地生长。

**教师思考：**

随着活动的不断推进，又产生了新的探究内容——是谁破坏了小蘑菇？老师给予幼儿足够的空间和时间来开展探索活动，当幼儿经过探索仍未获得最期待的结果时，老师也应该关注幼儿现有的水平和潜在的发展能力，鼓励幼儿进一步地发现和思考。

在引导幼儿开展下一步的行动时，可以根据幼儿的实际情况进行选择：如果幼儿对"谁吃了蘑菇？"的问题仍然感兴趣，可以鼓励他们继续进行观察和探究，并提供必要的支持和指导，帮助他们找到问题的答案；如果幼儿对如何能保护蘑菇不再次受到伤害的问题更加感兴趣，可以引导他们深入思考并尝试采取一定的措施来保护蘑菇，如设置障碍、驱赶小动物等。

在这一过程中，最值得关注的是，老师尊重幼儿的兴趣和好奇心，鼓励幼儿自主探究和发现，培养幼儿的探究能力和科学素养，为幼儿未来的发展奠定良好的基础。

### 3. 蘑菇长大啦

经过半个月的时间，蘑菇屋终于迎来了第一次大丰收。在第一次去采摘蘑菇时，幼儿都显得非常兴奋，大家自主分组，分别负责采摘不同的蘑菇品种，有的小组负责采摘香菇，有的负责白平菇，有的则负责黄平菇，还有的负责灰平菇的。在实际的采摘过程中，幼儿还注意到了一些细节，比如要小心采摘，不要破坏蘑菇的根部；要轻摘轻放等。

在结束采摘活动后，幼儿的脸上洋溢着开心的笑容，每名幼儿都沉浸在丰收的喜悦中。他们互相帮助，互相鼓励，一起分享着这个美好的时刻。

幼儿一起收捡蘑菇

### 4. 美味的蘑菇菜肴

采摘蘑菇后，幼儿围绕"蘑菇可以做什么好吃的呢?"展开了探讨，提出了不同的建议，最终经过投票，小炒蘑菇、炸蘑菇、蘑菇营养汤和蘑菇煎饼四道菜获得了多数幼儿的喜爱。于是，在老师和家长的帮助下，以蘑菇为主题的烹饪活动就开始啦!

首先是由幼儿清洗蘑菇等食材，随后，受邀参与活动的家长与幼儿共同烹饪。随着一道道美味的蘑菇菜肴的"出炉"，大家一起开心地享用，彼此分享。

准备做蘑菇汤

一起学习煮蘑菇汤

### 5. 拯救蘑菇

首次采摘后，随着天气逐渐变冷，许多蘑菇无法承受寒冷而停止生长，甚至出现了干枯的问题。

蘑菇出现枯萎、发霉的现象

面对此种情况，幼儿在老师的指导下，立刻采取了相应的措施：他们首先从园所借来了储物箱，并倒入一定量的水，然后将即将枯萎的蘑菇浸泡在水中，经过一个上午的浸泡时间，以确保蘑菇充分吸收水分后再将其取出。在幼儿的精心照料下，即将干枯的蘑菇逐渐苏醒并重新开始生长。看见快要干枯的蘑菇上又长出了一朵朵小蘑菇，幼儿非常开心且满足。

乐乐、琪琪、佳佳负责把蘑菇放到装满水的箱子

## （四）蘑菇大畅玩

种植蘑菇的经历给幼儿带来了很多前所未有的实践操作体验，他们不仅学会了如何种植和照顾蘑菇，还将这些经验带到了日常的游戏活动中：有的幼儿在泥工坊用陶泥手工捏制蘑菇，有的在建构区用玩具搭建蘑菇之家，还有的在操场上进行蘑菇"超市"的买卖游戏。

幼儿用陶泥捏蘑菇

蘑菇"超市"游戏

# 三、课程反思与收获

## （一）老师的反思

这样的一次种植活动，不仅可以让幼儿获得宝贵的生活经验和知识，也能够培养幼儿认真思考、坚持不懈的良好科学素养和团队协作的能力。同时，这样的蘑菇种植活动也与陶行知先生的生活教育思想不谋而合，即强调幼儿在生活中获得经验和知识，鼓励幼儿亲手制作和直接感知。活动中，老师将问题不断"抛给"幼儿，将问题探究的自主权还给幼儿，让幼儿在与生活高度契合的课程活动中获得更多的知识和经验。

# （二）幼儿的收获

幼儿的成长离不开老师和父母的支持，这一次活动给幼儿带来了非凡的体验和成长。通过观察、探究、发现、解决、分享等一系列的环节，幼儿感受到了大自然的神奇和生命的奇妙，体验到了劳动的乐趣和收获的喜悦。

课程的源头在于生活，一次偶然的相遇，一朵小小的蘑菇，能够充分激发幼儿的求知欲望，帮助建立起属于他们的探索经验。未来，老师将持续地向幼儿提出问题，深入挖掘生活课程背后所蕴含的教育价值。

## ◄◄ 作者简介 ►►

韦丽莎，中小学二级教师，参与"幼儿园离园活动的组织与研究"等多项课题，曾获2020年河池市宜州区教育系统"优秀教师"称号。

苏亚丽，中小学高级教师，河池市宜州区"十佳教师"、宜州区"先进教育工作者"，主持、参与多项省市级课题研究。

何罗乐，中小学一级教师，河池市宜州区"优秀教育工作者"，参与自治区级及市级课题2项，多次参加河池市教师技能大赛获一、二等奖。

# 驱蚊大作战

文 / 覃芳静　邬江　韦嘉宜

## 一、课程故事起源

　　户外活动后，幼儿的心情充满了喜悦和兴奋，然而，其中一位幼儿却并不开心，原来是因为他遭遇了蚊子的大面积"袭击"，他的双腿变得又红又肿，痛痒难耐。这引发了大家的关注，于是，幼儿纷纷开始讲述自己被蚊子叮咬的经历。

　　悦悦："被蚊子咬的地方又红又痒，好难受。"

　　天天："我经常在野战区的树下被蚊子咬。"

　　六月："喷防蚊水就好了。"

　　晶晶："教室里的驱蚊水已经喷完了，陈老师说要买新的。"

　　聪聪："我们教室有艾草，那天老师说可以拿来做驱蚊水。有足够多的驱蚊水，我们就不怕蚊子了。"

　　江江："我们也可以做驱蚊水吗？"

　　于是，一场自制驱蚊产品的活动由此展开。

# 二、课程故事实施

## （一）驱蚊产品初探

### 1. 调查：驱蚊产品有哪些

"驱蚊产品有哪些？"这个问题引发了幼儿的探索。他们回忆起自己所知的驱蚊产品，并将家中的各种驱蚊产品带到幼儿园供大家观察。在家长和老师的指导下，幼儿通过上网、到图书馆查阅资料以及向长辈咨询等方式，了解到了生活中各式各样的驱蚊产品，丰富了他们对驱蚊产品的了解。

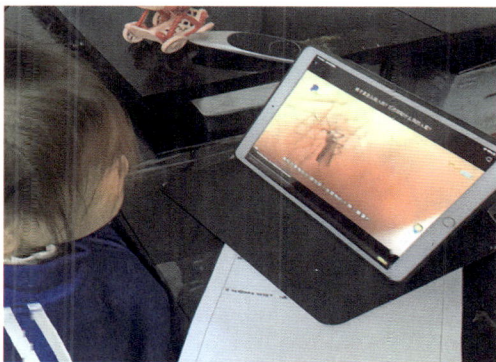

幼儿对驱蚊产品进行调查

**教师思考：**

《3-6岁儿童学习与发展指南》中关于4—5岁年龄阶段儿童在科学探究的部分发展目标是"喜欢接触新事物，经常问一些与新事物有关的问题""能通过简单的调查收集信息"，据此，当发现幼儿讨论时，老师及时抓住机会，鼓励幼儿将自己查阅和收集到的信息带到幼儿园与同伴分享，然后师幼共同将内容进行提炼与归纳，为下一步的探索做好准备。

## 2. 操作与实践

### （1）问题：**我们可以做什么驱蚊产品**

悦悦："我们可以做什么驱蚊产品呢？"

六月："我想做驱蚊水。"

西西："我做防蚊贴。"

伊伊："我想做驱蚊膏。"

于是，幼儿再次讨论，老师在一旁适时进行指导，了解幼儿最想做的驱蚊产品，支持幼儿用画图的方式进行表达。

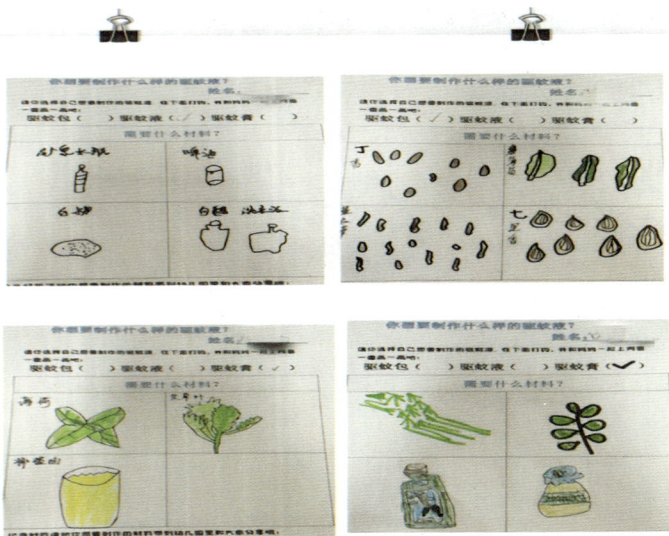

幼儿绘制自己想做的驱蚊产品

幼儿设计步骤图

（2）**自由组队**

经过讨论，幼儿对制作驱蚊水和驱蚊膏最感兴趣。于是，根据幼儿的兴趣和选择，班级幼儿共分为了两个项目小组，一组负责制作驱蚊水，另一组负责制作驱蚊膏。小组成员们还根据自身情况自行选择了分工，包括小组长、材料收集员、设计员、观察员和搭配师等。幼儿制作热情高涨，都想大展身手。

（3）**收集制作材料**

分组确定后，幼儿开始讨论本组驱蚊产品所需要的材料。但新的问题也随之而来：要去哪里获得需要的材料呢？

根据过往的经验，幼儿决定前往园所旁的"中草药一条街"和园所内的中草药房寻找制作材料。

> 晨晨："园所后面的'中草药一条街'有薄荷和艾草，我们可以去采摘一些回来，但是不知道够不够。"
>
> 芽芽："我妈说菜市场有，我们可以去菜市场买。"
>
> 天天："我家有金银花！"
>
> 小花："幼儿园的中草药房里有很多的中草药，我们可以去那里取。"
>
> 洲洲："我爷爷在楼顶上种有薄荷！"

老师积极号召家长帮助幼儿收集制作材料，并得到家长的积极响应，一些家长带领幼儿亲自去野外采摘新鲜的薄荷和艾草，一些家长则让幼儿把自己种植的薄荷和艾草带至园所。

所有的材料收集结束后，幼儿开始对照设计步骤图，尝试制作驱蚊水和驱蚊膏。

**教师思考：**

了解驱蚊的方法后，幼儿开始想要制作驱蚊产品，可是要用什么方式制作？需要用到什么材料？在开学之初开展的"神奇的中草药"活动中，幼儿对艾草、薄荷、金银花等中草药的功效已经有了一定的知识经验，也为制作驱蚊药水提供了经验支持。幼儿根据已有经验，不断进行猜想和验证，并绘制驱蚊膏、驱蚊水的制作步骤图。前期的准备工作做好后，老师鼓励每名幼儿对自己的制作过程进行描述，并积极进行实践和体验。

## （二）"驱蚊水"组开始工作啦

首先，幼儿对所有材料进行清洗，确保没有杂质。清洗后，幼儿将薄荷晾晒起来，使大部分的水分蒸发。接着，大家摘取一些可用的叶片，并将所有材料一起放入一个容器中，向容器中倒入适量的水，最后进行装瓶密封。

驱蚊水的制作过程

## 1.发现问题：为什么变臭了

装瓶后的几天，幼儿每天都在仔细观察并认真记录。有一天，幼儿发现了一些情况，与老师、其他同伴交流。

| 第一天 | 第二天 | 第三天 | 第四天 | 第五天 | 第六天 | 第七天 |

幼儿的观察与记录

芽芽："老师，我闻到了一股非常难闻的气味，就像坏掉的鸡蛋一样。是不是我们的药水出问题了？"

乐乐："我发现罐子里的水变黄了。"

朵朵："而且还出现了许多的小气泡。"

天天："里面的水很浑浊。"

六月："打开后还很臭，怎么回事呢？"

老师："为什么呢？"

芽芽："老师，我们查查电脑吧。"

老师："这个问题，我们先回家和爸爸妈妈一起查查资料，讨论一下，明天回来我们再交流一下原因。"

**教师思考：**

在制作驱蚊水和驱蚊膏的实际过程中，幼儿发现了新的问题，老师并没有急着直接给出答案，而是引导幼儿和家长一起去查阅资料。幼儿的成长和进步离不开家园协作，幼儿园的课程和活动也同样需要家长的共同参与。

### 2. 再遇问题：酒精味过重

在查阅了相关资料后，幼儿回到幼儿园，与同伴们开展了一次谈话活动。他们积极探讨了药水发臭的原因，并意识到第一次的问题是由倒入瓶中的水导致的，这一次，他们决定使用酒精代替水。

在重新准备了材料后，幼儿开始了新一轮的制作过程。他们小心翼翼地操作着每一个步骤，按照之前同样的流程开展制作：清洗材料—晾晒—摘取叶片—按比例放入瓶中。确保每一步都准确无误，接着准备加入酒精。

清洗材料

晾晒材料

摘捡薄荷叶

装瓶

这时，一名幼儿打开酒精后，直皱眉头："好辣鼻子呀！"便有幼儿提出："酒精的气味太刺鼻了，不好闻！"

为了使酒精的气味不那么刺鼻，幼儿决定向校医寻求帮助。校医建议大家使用95%浓度的酒精或75%浓度的酒精进行浸泡，可以让刺鼻的气味变淡，但也提醒了幼儿，泡好的溶液不能直接喷洒，需要用纯净水按照1∶3的比例进行稀释。

> 六月："可以加入直接能喝的水吗?"
>
> 乐乐："什么是能喝的水?"
>
> 刚刚："开水和矿泉水就是直接能喝的水。"

经过讨论，幼儿决定使用矿泉水来稀释高浓度的酒精，经过尝试后，发现药水气味果然变得不那么刺鼻了。

幼儿再次尝试操作

## （三）驱蚊膏制作进行时

### 1.如何能轻松地将艾草捣碎

制作驱蚊膏的主要材料是艾草。在清洗好艾草和其他材料后，经过讨论，幼儿决定使用中草药房里的擂钵将艾草捣碎。然而，由于艾草较多，幼儿的力气较小，没过多久，大家就纷纷抱怨无法再继续捣艾草了，这可怎么办呢？这时，一名幼儿提出可以使用榨汁机的建议，得到了大家的一致同意。于是，在榨汁机的帮助下，幼儿处理艾草变得轻松了许多。

幼儿用不同的办法进行榨汁

## 2. 为什么出不了油

接下来，幼儿在老师的指导下将艾草与山茶油混合后，放入锅中进行蒸煮。然而，蒸煮过后，幼儿却发现无法从锅内提取出油分，这是什么原因呢？

蒸煮原材料

面对这一情况，老师并没有直接给出解决办法，而是鼓励幼儿自己寻找解决问题的方法。幼儿运用已有的经验，通过查阅资料的方式找到了原因：原来在倒油的时候没有按照比例进行操作，导致材料无法出油。

于是，幼儿按照资料上的推荐比例，即每50克艾草需搭配300克山茶油，重新配比了蒸煮材料，这一次很快就出现了水油分离的现象。紧接着，幼儿对分离出来的液体进行了过滤、混合搅拌、再次烹煮和装瓶。

幼儿观察记录

### 3. 为什么凝固不了

到了制作的最后一个环节，幼儿发现装瓶后的驱蚊材料一直无法凝固。

待凝固的驱蚊膏

于是针对"驱蚊膏为什么不凝固"的问题，幼儿又一次展开了调查。经过调查，他们明白了没有凝固是由于没有加入蜂蜡导致的，因为蜂蜡具有凝固的效果。在加入蜂蜡和材料一起蒸煮后，这次放入瓶中的驱蚊材料果然快速成型了。

成功制作驱蚊膏的流程图

## （四）我们制作成功了

经过多次分享、讨论和调试，幼儿最终成功地制作出驱蚊水和驱蚊膏。驱蚊水和驱蚊膏的效果到底能不能起到驱蚊和止痒的作用呢？于是，大家进行了尝试。

悦悦："我正好被蚊子咬了，快让我来试试吧！哇，涂上这个驱蚊水，感觉凉凉的，可真舒服，马上就不痒了。"

淘淘："驱蚊膏有艾草的清香呢！抹上去也很舒服呢！"

六月："这么好用的驱蚊水和驱蚊膏，如果能让幼儿园里的幼儿都用到就好了。"

刚刚："我们可以把做好的驱蚊水给每个班级送一份，这样大家都不怕被蚊子咬了。"

为了让自己亲手制作的驱蚊水和驱蚊膏看着更加美观，幼儿在瓶子上进行了一些装饰。他们利用彩色的纸、贴纸和画笔，给瓶身增添了各种各样的图案和色彩。经过一番努力，好看又好用的驱蚊膏和驱蚊水终于完成了！

驱蚊膏、驱蚊水成品

## 教师思考：

《3-6岁儿童学习与发展指南》中提出4—5岁年龄阶段在科学领域的一个学习与发展目标是幼儿能"常常动手动脑探索物体和材料，并乐在其中"。

因此，在制作驱蚊水和驱蚊膏的过程中，老师鼓励幼儿积极参与制作过程，从准备材料到实际操作，让他们在亲身体验中学习、成长。因为相信幼儿在实践中获得的经验是他们成长过程中最宝贵的财富。

通过制作驱蚊水液和驱蚊膏，幼儿不仅了解了植物等天然材料的用途和作用，还学会了如何进行科学探究和解决问题。他们大胆尝试、积极探索，不断调整和优化制作方案，最终成功地完成了自己的驱蚊产品。

在制作的过程中，老师始终关注幼儿的需求和表现，给予他们必要的指导和支持，鼓励他们勇敢地尝试、表达自己的想法和意见，并及时肯定他们的进步和成就。

通过这样的活动，幼儿不仅获得了宝贵的实践经验，还培养了探究的精神和创造力。他们感受到了成功的喜悦和自我成长的快乐，这将对他们未来的学习和生活产生积极的影响。

同时，家长的参与和支持也让幼儿感到更加自信和勇敢，他们与幼儿一起探索、实践，共同成长。这种积极的家校互动，为幼儿的成长和发展提供了更加全面和有力的支持。

## （五）成品宣传

幼儿利用课余时间和饭后散步的时间，将成品赠送给其他师生的同时，还热情地宣传、介绍自己制作的驱蚊水和驱蚊膏。

幼儿宣传自制驱蚊产品

# 三、课程反思与收获

## （一）课程源于生活

本活动源于幼儿的日常生活。真实发生在幼儿身边的事件更能激发幼儿的好奇心和求知欲，也更能激发幼儿的参与兴趣。基于真实的环境、真实的问题和情境、真实的体验，完成真实的教育目的，是对"童趣体验"课程的坚持，因为真实发生，使得课程才更有意义。

## （二）成长源于探究

在项目实施的过程中，幼儿发现问题后不断去尝试解决问题，并愿意主动与他人分享自己的驱蚊产品，感受动手操作和友好分享的乐趣。在整个活动中，幼儿的思维逻辑能力、动手协调能力、团队协作能力都得到了大幅度的提升。

## （三）课程评价活动扎实落地

在整个课程活动中，幼儿自主评价、同伴相互评价、老师辅助评价、家园共育评价四大评价活动极大地助推整个活动的开展。

### 1. 幼儿自主评价

活动进行中，小组内成员对本次活动进行简单的评价，说一说各自的完成情况，以及接下来要做的一些准备。在每一次对活动的小结中，幼儿逐步形成对自我评价的内容梳理，在整个项目活动结束之后，幼儿可以以此进行全方位的自我评价。

### 2. 同伴相互评价

每次活动之后，幼儿坐下来一起讨论今天做的事情，也会针对活动时的表现做出探讨。同伴相互评价、总结后，在下一次活动前可由组长再进行设计上的微调。

### 3. 老师辅助评价

老师以图文表格形式对幼儿的游戏过程进行简单的记录，同时以手账本的形式进行趣味画面与精彩瞬间的记录，以此作为幼儿活动中个性化点评的依据。

### 4. 家园共育评价

家园共育评价在这个过程中，家长虽然隐性参与了幼儿的活动，但是在幼儿需要各方面支持时，家长给予的"场外"帮助以及对老师分享的活动照片和视频的积极关注和极大兴趣，都是较为有效的支持与评价。

## ◆◆ 作者简介 ◆◆

覃芳静，中小学二级教师，荣获2022年河池市宜州区幼儿园自制教玩具比赛获一等奖。

邬江，中小学一级教师，河池市"优秀班主任"，参加多项自治区级、市级、县级课题。

韦嘉宜，中小学一级教师，河池市宜州区学前教育中心兼职教研员，曾获得河池市宜州区教育系统"优秀教师"称号，获广西壮族自治区幼儿园教师技能大赛二等奖。

# 后记

　　本书是"广西壮族自治区幼儿园课程基地"建设项目、广西教育科学"十四五"规划课题"多元联动模式下刘三姐文化童趣体验课程的开发与实践"研究成果之一，是研究成果系列丛书的第一本。全书共分为四个章节，全面呈现了宜州区幼儿园在幼儿园园本课程建设过程中师幼共同经历的各种有趣的教育故事。在二十篇真实、鲜活的案例中，刘三姐文化的丰富内涵及中华优秀传统文化的传承与发展也跃然纸上。

　　丛书总主编杨彦教授整体策划和指导本书的编写，并拨冗为本书撰写富有特色的序言，为本书增色添彩。杨彦、吴洁秋、林宝艳担任本书主编，组织团队分工协作。本书是团队成员克服诸多困难，共同努力、集体合作的成果。在编写丛书之初，杨彦教授就全书的框架结构、编写体例、写作质量、人员安排、出版社对接等方面召开约二十余次编辑会议，吴洁秋、林宝艳等跟进和执行相关工作。书中第一章节至第四章节的负责人分别是吴洁秋和廖艳娜、林宝艳和何罗乐、周晓苑和韦嘉宜、覃玲玲和岑晗。最后由杨彦、吴洁秋、林宝艳对全书进行审校定稿。

　　本书的编写工作还曾得到自治区幼儿园课程基地建设导师组成员李香玲教授、莫秀峰教授、黄志敏教授、邓琴教授的关心与支持，广西师范

307

大学出版社幼教图书出版事业部编辑们为本书的出版和修订给予了中肯斧正，并付出了辛勤劳动。

在此谨向以上及所有为本书倾注了大量心血的团队成员和各位同人表示衷心的感谢！功不唐捐，玉汝于成。书籍的出版即是各方集体智慧的结晶。

书中的教育故事，是在"刘三姐故乡"——宜州这个特定的地域背景下发生的，特定的地点、时间和人群，给予了教育故事独有的一份魅力。幼儿园的课程建设永远在路上，作为幼教工作者，也还需要继续记录和书写饱含幼教情怀的教育故事。愿我们共同探讨，携手共进！

书中还有很多不足和不妥之处，敬请广大同人和读者不吝赐教，给予批评指正。

本书编委会

2023 年 11 月